« RÉPONSES »

Collection créée par Joëlle de Gravelaine

DU MÊME AUTEUR

Notre ennemi, le client, First, 1995

SIMONE BARBARAS

LA RUPTURE POUR VIVRE

Comment des ruptures amoureuses, familiales, professionnelles peuvent être libératrices et devenir forces de renouvellement et de créativité.

ROBERT LAFFONT

ISBN 2-221-08414-4

À mes enfants

J'en vins à l'idée que ceux qui avaient survécu avaient accompli une vraie rupture.

Francis Scott Fitzgerald

Première partie

QU'EST-CE QU'UNE RUPTURE ?

CHAPITRE I

Qu'est-ce qu'une rupture ?

Ruptures, cassures, coupures, fractures, brisures, autant de termes qui signifient une séparation dont la caractéristique essentielle est d'être brutale. Au sens propre, ils disent la séparation d'un objet en un ou plusieurs morceaux ; au sens figuré, ils signifient l'interruption d'une relation, un arrêt dans le cours des choses.

Mais la notion de rupture est singulière en cela qu'elle est le résultat d'une tension entre deux objets, tension si forte que le lien qui les unit se rompt.

On rompt, en effet, avec quelqu'un ou avec quelque chose parce que, la tension étant à son comble, c'est la seule issue à ce moment-là.

Cette tension peut mener à la rupture extrême : la mort, car toute rupture libère à la fois des forces de vie et des forces de mort.

Mais dans ce livre, c'est de vie dont il s'agit.

Nous avons pris le parti de nous intéresser à la rupture comme force de renouvellement, de créativité, car les ruptures apportent, en même temps que des souffrances, une sorte de virginité, une possibilité de tout recommencer puisqu'on a tout perdu.

Et pourtant, la rupture est rarement considérée sous ce jour. Il n'est pas, en effet, communément admis que les ruptures — ruptures amoureuses, ruptures avec les parents, avec les enfants, avec les amis, ruptures professionnelles — puissent être des événements bénéfiques, des avatars heureux de la vie.

La dureté de la rupture, son caractère brutal, souvent inattendu, et peut-être davantage encore, ses conséquences immédiates cruelles pour soi et pour les autres font oublier que rompre est un acte de protection de soi, de sauvegarde d'un équilibre intérieur menacé, parfois un acte de survie. On ne rompt pas si quelque chose d'essentiel en soi n'est pas en jeu : l'autonomie, l'équilibre.

Il est étrange de constater — dans une société dont, pourtant, on souligne les fractures — que les ruptures qui jalonnent la vie de chacun ne soient pas volontiers considérées comme des événements ordinaires. On utilise pour en parler un registre tout à fait passionnel. Il y a en chacun de nous une dramaturgie de la rupture qui est du côté de la tragédie, sans doute parce que les ruptures brutalisent nos rêves d'harmonie. On imagine sa vie plus volontiers selon un déroulement régulier du cours des choses, plutôt réglée sur un tempo donné que segmentée, hachée.

Comment en serait-il autrement ? On nous apprend, enfant, que ce qui n'est pas consensus est faute, que ce qui n'est pas continuité est dérèglement, et que les ruptures sont bien souvent des trahisons qui mettent l'ordre en péril : ordre familial, ordre moral, ou social.

Ce discours n'est pas sans similitude avec celui qu'on nous tient sur la sexualité et ses interdits, qui, dans la confusion et le non-dit, suggère danger et faute.

Une interruption dans le cours des choses

Rompre, c'est interrompre une continuité. C'est manifester qu'on n'est plus en mesure d'assurer, de la même façon, la poursuite de son existence quand des conflits intérieurs deviennent trop forts et mènent à un état de tension insupportable. Les mots ne s'y trompent pas : « je craque », « j'ai trop tiré sur la corde ».

Pour répondre à cette menace, supprimer les causes de la tension devient une nécessité avant qu'elle ne mène à des solutions qui échappent à notre contrôle, telles la maladie, la dépression. Encore ces causes, ces vraies causes — souvent si indéchiffrables pour soi-même —, faut-il pouvoir les identifier. Elles sont nombreuses et diverses, mais le rapport à l'autre, les échanges avec l'environnement y jouent un rôle, à l'évidence essentiel.

Aussi, quelle que soit notre appréhension des ruptures, mieux vaut se convaincre que la vie en société — même au sein d'une société réduite comme la famille ou le couple — n'est pas sans risque à cet égard.

Ce n'est pas une raison pour penser la rupture seulement en termes de destruction.

Edgar Morin[1], dans ses textes sur les crises, souligne : « La crise met en œuvre, et nécessairement l'une par l'autre, désorganisation et réorganisation ; toute désorganisation accrue porte effectivement en elle le risque de mort, mais aussi la chance d'une nouvelle réorganisation, d'une création, d'un dépassement. »

Cesser de penser la rupture en termes de destruction, mais la regarder comme un processus vivant d'organisation, de désorganisation et de réorganisation permanentes, donc de régulation, est fructueux.

La vraie rupture n'est pas abandon ou fuite devant l'événement. Elle requiert énergie, courage et lucidité. Elle produit de la vie, des armes pour se battre. C'est l'une des fonctions les plus utiles et les plus créatives de la vie des hommes.

1. Edgar Morin : *Sociologie*, Fayard, 1984.

La rupture à peine consommée, des ressources se mobilisent pour remplacer par autre chose ce qu'on a quitté, pour découvrir d'autres solutions, pour inventer de nouveaux équilibres.

Même pendant le passage difficile — cet intervalle entre la certitude de la perte et l'incertitude de ce qui va être conquis — en même temps qu'apparaissent et que s'approfondissent des forces de désorganisation, de désordre, de destruction, quelque chose de nouveau s'éveille, se dégage de rigidités anciennes, ouvre la voie à un changement, à une régénération, à une créativité. C'est toute l'ambiguïté de la rupture, elle libère à la fois des forces mortifères et des énergies créatrices.

Le docteur H originaire d'Asie du Sud-Est installé en France depuis quelques années eut — à la suite de tensions dans sa vie personnelle et professionnelle qui se seraient sans doute résolues assez aisément dans son propre pays — de plus en plus de difficultés à trouver les comportements d'adaptation nécessaires à l'équilibre de ses rapports avec son environnement, qu'il s'agisse de ses patients ou de ses collègues. D'où un sentiment d'insécurité croissant qui le rendait suspicieux et même persécutif, et le poussait à mettre en place des systèmes de défense — une certaine agressivité ou une dépendance excessive — qui le coupaient davantage encore des autres.

Vivant dans un présent inconfortable, il le fuyait et ne pensait qu'en termes de passé et d'avenir, déchiré entre des désirs contradictoires qu'il ne parvenait pas à évaluer avec précision. Il finit par développer des comportements dépressifs assez graves pour qu'une solution s'impose rapidement. En dépit des difficultés majeures que cela comportait, il décida de rentrer chez lui, en Asie.

Il dit aujourd'hui que cette crise et ces années passées loin de son pays lui ont permis de comprendre où se trouvaient les lieux de sa légitimité et où devait se faire la rupture entre les deux cultures auxquelles il ne voulait pas renoncer.

Cette ligne de démarcation étant tracée, il a désormais le sentiment de faire assez clairement la part des choses entre ses différences — qu'il doit à son appartenance asiatique, à son éducation, aux traditions — et ce qu'il y a d'« œcuménique » en lui, qui le rapproche des autres hommes.

Si toutes les ruptures s'élaborent longuement, certaines — la décision étant prise — s'accomplissent avec éclat et sont immédiatement libératrices, d'autres plus souterraines et plus obscures s'opèrent laborieusement.

La rupture n'existe qu'après l'acte. Encore faut-il y parvenir. L'histoire de ce médecin est une version simplifiée du cas de nombreux immigrés.

Quand s'effacent les repères de leur ancien groupe d'appartenance, qu'ils en perdent les codes et ne parviennent pas à trouver ceux nécessaires à l'organisation de leur nouvel univers, ils n'existent nulle part.

Comment, dans ces conditions, accomplir une rupture et faire en sorte qu'elle soit salvatrice ?

Comme toutes les aventures humaines, la rupture — lorsqu'elle est vécue à l'extrême — n'est pas à la portée de tous et suppose une structure psychologique et une histoire singulières.

Telle cette jeune Polonaise que des événements historiques ont tellement marquée qu'elle les ressent presque comme une fatalité génétique. Elle est persuadée que sa vie se déroulera dans une succession de ruptures et de recommencements, d'exils en exils.

Les accords de Yalta ont contraint chacun de ses parents, alors qu'ils étaient enfants, à quitter leurs terres respectives pour pouvoir conserver la nationalité polonaise qui était la leur et non opter en restant sur place — après le partage que l'on sait — pour la nationalité soviétique. Son père avait dix-huit ans et vivait en Lituanie, sa mère avait six ans et vivait en Ukraine. Cette jeune femme est née en Pologne mais a changé de lieu cinq fois en vingt ans. Elle vit depuis quelques années en France sans être parvenue à se sentir française, et laisse la porte ouverte à un nouvel exil ou à la découverte d'une terre d'adoption.

Pour certains, rompre avec les êtres et les choses est une fonction essentielle de leur réalisation. Les ruptures sont des mécanismes très forts, une véritable dynamique sur laquelle ils fondent leur vie qu'ils renouvellent ainsi et approfondissent. C'est l'une des caractéristiques, entre autres, des grands artistes. Comment ne pas penser aux peintres qui, à peine de nouvelles formes trouvées, rompent avec elles pour en découvrir d'autres.

« Son conflit avec les formes antérieures, y compris les siennes… » disait Malraux[1] en parlant de Picasso.

Ces êtres de rupture se construisent — avec les risques que cela comporte — sur une chaîne de remises en question, de séparations, de recommencements, qui parfois mènent à des métamorphoses éclatantes, d'autres fois à des changements secrets et profonds, presque toujours à une incompréhension de leur environnement ou de la société tout entière.

Telle la stupeur de cette famille — traditionnelle mais non particulièrement rigide ni austère — quand le fils aîné, sorti d'une grande école et aussitôt libéré des obligations qu'il avait envers cette école, annonça — ce qu'il n'avait jamais caché mais qui n'avait pas été entendu — que parcourir le monde, au gré des rencontres et des travaux pour vivre, était « l'avenir auquel il se destinait ».

1. André Malraux : *La Tête d'obsidienne*, Gallimard, 1974.

La césure n'était pas où on le croyait ; certainement pas dans sa décision de partir, but de toujours enfin atteint. Elle eut lieu pendant tout le temps de ses études, dans le décalage entre les objectifs ordinaires de telles études et ses vraies aspirations. Il vivait à contre-courant de ces objectifs évidents pour tous : avoir accès à une vie professionnelle très précisément identifiée.

Des menaces diverses, par exemple son statut d'excellent élève et ses succès, auraient pu le faire douter de son projet, et mener à une dislocation de ses désirs. Ce ne fut pas le cas. Il les maintint fermement et fit preuve d'une force peu commune pour supporter la rancœur de ses parents.

Ils ne raisonnaient qu'en termes de perte pécuniaire, sociale, affective. Ce qu'eux-mêmes et leur fils avaient investi pendant toutes ces années ne pouvait servir — selon eux — qu'un seul projet : son entrée dans l'entreprise.

« L'événement », comme ils l'appelaient pour ne pas le nommer, les immobilisait dans la peine et les regrets, et pendant longtemps ils n'eurent pas la capacité d'une perspective à moyen terme, d'un regard vers l'avenir, d'un espoir, d'une ouverture.

Le garçon, lui, était dans le droit-fil de sa vie. Il en avait retrouvé la profonde logique, la logique de toujours, la continuité.

Il se trouve que cette continuité passait par un changement de territoire non seulement géographique, mais surtout culturel. Circonstance aggravante pour les parents, il ne s'agissait pas pour leur fils de s'établir dans un autre lieu, fût-ce à l'autre bout du monde, mais d'aller de lieu en lieu. Ce nomadisme les affectait particulièrement dans l'incapacité où ils seraient de le « fixer » dans l'espace et le temps ; c'était comme s'il disparaissait.

C'est précisément ce que voulait le garçon : être insaisissable.

Trente ans avant, un autre jeune homme avait lui aussi effectué une rupture avec sa famille. Avec le recul du temps, on peut juger de l'aboutissement et de l'originalité de son histoire. Il a en quelque sorte institutionnalisé son goût des ruptures pour en faire un état permanent, un mode de vie.

Après une année d'HEC — études recommandées avec insistance par son père —, il quitta cette école pour entrer dans une autre beaucoup moins prestigieuse aux yeux de sa famille : les Langues orientales. Apprendre le chinois était un tenace désir d'enfant.

En 1964, après la reconnaissance de la Chine par le général de Gaulle, le gouvernement chinois recruta des Français parlant chinois. Ce gouvernement « intéressé » par le continent africain souhaitait que les Chinois censés partir pour des missions dans certains pays d'Afrique parlent bien la langue française. Dix élèves de la classe du garçon sur cinquante acceptèrent l'expérience. Il en fit partie.

Après avoir enseigné pendant deux ans en Chine et grandement amélioré sa connaissance de la langue chinoise, il revint en France, termina ses études aux Langues orientales et entra dans l'enseignement comme professeur de chinois.

Au bout de sept années, ne se décidant pas à faire sa thèse, ce qui aurait signé son appartenance définitive à l'Éducation nationale, ce qu'il ne parvenait pas à envisager, il quitta l'enseignement et gagna sa vie comme interprète de chinois. Il était en même temps traducteur d'anglais.

Après mai 1968 est apparue une nouvelle race : les intellectuels bricoleurs. Pour certains, ce fut un feu de paille, d'autres — très rares — devinrent vraiment électriciens ou menuisiers.

Le jeune homme avait beaucoup d'amis dans le milieu post-soixante-huitard. Pour aider l'un ou l'autre et par goût du travail manuel, il apprit la peinture et la plomberie.

Pour lui, ce ne fut pas un feu de paille, cela dure depuis quinze ans. Travailler physiquement compense les journées d'immobilité à son bureau. Il apprécie la compagnie des artisans et des ouvriers, il aime l'ambiance des petits chantiers auxquels il participe, la plupart du temps chez des particuliers.

Je le soupçonne d'avoir, au début, mené cette activité par idéologie. Il affirme que non et explique qu'une éventuelle étude, sur le terrain, de la classe ouvrière n'aurait certes pas duré quinze ans.

Il a trois activités aussi officielles et sérieuses les unes que les autres : interprète de chinois (fort réputé), traducteur d'anglais et, selon le cas, peintre ou plombier.

Il est sans cesse, disent les autres, « en porte à faux », lui appelle cela « être en rupture positive ». Chaque fois qu'il passe d'une activité à une autre, il rompt provisoirement avec un métier, un environnement professionnel et social, une culture pour en aborder d'autres.

Au fil des jours ou des semaines, il fréquente, comme interprète en France ou en Chine, des chefs d'entreprise ou des fonctionnaires internationaux. Comme traducteur, des auteurs anglo-saxons et des éditeurs. En tant qu'artisan, des électriciens, des plombiers, des couvreurs, des peintres.

Le rencontrer pour la première fois est toujours un étonnement dont ne sont pas absents un doute, une gêne, quelque chose d'un peu suspect, car il n'a les signes extérieurs d'aucune catégorie socioprofessionnelle connue.

Ses trois enfants, à l'école primaire, énuméraient sans malice les professions de leur père mais, en grandissant, ils jugèrent que c'était trop compliqué d'expliquer et choisirent, selon l'époque de leur scolarité ou leur idéologie du moment, le métier qui leur convenait le mieux.

Je ne connais pas d'homme plus équilibré. Il a utilisé son goût et son sens des ruptures pour parvenir à une unité intérieure enviable. Comme tous ceux qui ont réussi leurs ruptures, il les considère, avec le recul du temps, comme faisant partie d'un processus harmonieux et s'inscrivant dans une chronologie dont il a aujourd'hui découvert le sens.

Changer de territoire

La *déterritorialisation*, ainsi la nomme Gilles Deleuze[1], est intimement liée à la rupture.

« On ne découvre des mondes que par une longue fuite brisée, écrit Deleuze. La ligne de fuite est une *déterritorialisation*, les Français ne savent pas ce que c'est. Évidemment, ils fuient comme tout le monde, mais fuir n'est pas du tout renoncer aux actions, rien n'est plus actif que la fuite. C'est le contraire de l'imaginaire.

« Ils passent leur temps à faire le point, ils ne savent pas devenir. Ils ne savent pas percer, limer le mûr. Ils aiment trop les racines, les arbres, le cadastre, les points d'arborescence, les propriétés. » Et de rappeler que Michelet oppose les rois de France aux rois d'Angleterre :

« Les uns avec leur politique de terres, d'héritages, de mariages, de procès, de ruses et de tricheries ; les autres avec leur mouvement de déterritorialisation, leurs errances et leurs répudiations, leurs trahisons comme un train d'enfer qui passe. »

L'insularité des Anglais fait, à l'évidence, rupture. Nous sommes, nous, au bout d'une terre, à l'extrémité occidentale de l'Europe mais bien ancrés à notre solide continent.

1. Gilles Deleuze et Claire Parnet : *Dialogues*, Flammarion, 1996.

Ancrés mais non encaissés dans des terres aveugles, nous avons une vaste perspective sur l'océan, une ouverture vers le large.

Peut-être cette ouverture nous permet-elle d'appréhender d'autres mondes sans qu'il nous soit nécessaire de lever l'ancre pour les rejoindre, de rompre avec notre terre si largement ouverte aux courants. Peut-être la fuite dans l'imaginaire de la rupture — qui est le contraire de la rupture, laquelle est action — nous suffit-elle.

« Les Anglais programment, dit encore Deleuze, nous interprétons. »

D'autres raisons à la capacité singulière des Anglais à changer de territoire sont historiques.

Les contraintes de l'Empire britannique, « sur lequel jamais ne se couchait le soleil », les appelaient fréquemment en d'autres lieux du monde. Ils furent de grands voyageurs. Pour nous, des voyageurs extravagants comme ces deux vieilles demoiselles anglaises, filles d'un amiral, qui pendant cinquante ans, à la fois capitaines et équipage, parcoururent les mers sur un yacht.

Elles parlaient très bien de la rupture sans jamais employer un terme aussi brutal.

Elles disaient que tout l'intérêt de leur vie était dans le perpétuel changement, dans la dépossession de ce qui avait commencé à leur appartenir : les relations avec ceux qu'elles rencontraient pendant des escales plus ou moins longues, avec les terres, les lumières, les couleurs. Elles haïssaient l'accoutumance. Le sel de leur vie et le sens qu'elles lui donnaient étaient dans le *mouvement* de leurs rapports aux êtres et aux choses, avec pour fondement — pour le supporter — quelques rites telles les heures immuables des repas et la lecture de la Bible à haute voix.

Vivre sur les océans leur convenait car, disaient-elles, ils sont à la fois permanence et changement, incessante mouvance, incessante brisure.

Elles nous jugeaient très sédentaires et nous rappelaient que, sur le *Mayflower* en route vers l'Amérique, il y avait si peu de Français et tant de ces autres insulaires : les Irlandais.

Certes, les paysans français étaient moins misérables, mais leur répugnance à rompre avec leur terre était plus forte que les espérances d'une vie meilleure.

Deleuze, poursuivant sa comparaison entre les modes de rupture des Anglais et des Français, puise des arguments dans la comparaison de leurs littératures respectives :

« La littérature anglo-américaine ne cesse de présenter des ruptures, ces personnages qui créent leur ligne de fuite, qui créent par ligne de fuite. Thomas Hardy, Melville, Stevenson, Virginia Woolf, Thomas Wolfe, Lawrence, Fitzerald, Miller, Kerouac. Tout y est départ, passage, saut, démon, rapport avec le dehors.

On n'a pas l'équivalent en France. Les Français sont trop humains, trop historiques, trop soucieux d'avenir et de passé. Même quant à la révolution, ils pensent à « un avenir de la révolution plutôt qu'à devenir révolutionnaires ».

Nous avons cependant nos personnages de ruptures. Comment ne pas revendiquer pour Rimbaud ce que Deleuze accorde à l'Américain Jack Kerouac. Dans sa vie et dans son œuvre, il a accompli les plus extrêmes ruptures, plus malaisées à réaliser en 1875 qu'en 1970.

Vivant aujourd'hui, où depuis longtemps il n'est plus scandaleux de partir pour Katmandou, quels voyages aurait-il inventés pour l'aider à rompre avec ce que son enfance avait bridé en lui ?

Quand Rimbaud, à seize ans, sait que la rupture symbolique de sa poésie n'est pas suffisante — et pourtant il a déjà écrit *Soleil et Chair* — pour survivre au sein de sa famille à Charleville, « l'atroce Charlestown », il part pour Paris avec un billet de chemin de fer valable pour Saint-Quentin.

Premier voyage, première infraction pour tenter de se libérer, première rupture qui ne cessera d'en provoquer d'autres.

Il n'en finira plus de prendre des trains pour des destinations de plus en plus lointaines, et même plus de trains du tout. Aller à pied en 1875 de Stuttgart à Milan fut une lente et profonde déterritorialisation. Puis les grands voyages : Chypre, Aden, Harrar.

En accomplissant des ruptures pour se sauver de ce qu'on lui avait inculqué d'étroit, de rigide, de fermé, qui lui bouchait la vision de la réalité, il a refusé le rôle qu'on attendait de lui et a désespérément tenté de vivre sa propre réalité, « la réalité rugueuse à étreindre ».

Si Alexandra David Neel ou Lawrence d'Arabie ont accompli des ruptures mythiques en quittant leurs proches, leur pays, leur héritage culturel, le déplacement géographique n'est, à l'évidence, pas indispensable à un changement intérieur : les grands deuils se font aussi dans la quiétude de la méditation, dans la profondeur des silences. Les religieux le savent, qui, dans leurs monastères, accomplissent de vertigineuses ruptures.

Rompre avec un homme ou une femme parce qu'on a enfin compris les raisons qui rendent la relation sans espoir et être capable de ne pas la reproduire avec un autre, ou encore mettre fin à une relation destructrice avec une mère ou une fille, en tout cas briser les rites qui enchaînent, ne nécessite pas nécessairement l'exil physique. En revanche, ils mènent à cet autre sorte d'exil qu'est la clandestinité.

Clandestinité

La notion de clandestinité est l'une des caractéristiques essentielles de la rupture et l'une des connotations le plus vigoureusement négatives qui lui soient attachées. Scott Fitzgerald disait que la vraie rupture c'est l'acquisition d'une clandestinité. Si rompre est interrompre une continuité, c'est nécessairement bouleverser une organisation, des habitudes, un ordre, c'est mettre en cause des cohérences longuement élaborées, la fiabilité des liens avec son entourage, une même sociabilité, une culture commune.

Madeleine (*« C'est moi qui respire »*)[1], pour avoir avec sagesse accompli une rupture symbolique avec ses enfants qui passait entre autres par l'abandon de rites familiaux afin de créer avec eux une relation moins conventionnelle mais plus vraie et plus profonde, devint infiniment clandestine au groupe auquel elle appartenait. Pour avoir porté atteinte à l'image sacralisée de l'amour maternel, jamais plus elle ne fut considérée avec la même sympathie par la communauté au sein de laquelle elle vivait, mais comme une personne iconoclaste.

« Nous sommes tous épinglés sur le mur des significations dominantes. » En les mettant en cause, donc en s'en détachant, on trangresse l'ordre, on quitte la protection des règles édictées par la société, on se place en marge de ceux qui en sont les gardiens. On devient illicite, ce qui est la caractéristique même de la clandestinité.

On sait bien que contester les règles et les certitudes d'un groupe — ce peut être une famille, une association, un parti — a pour inévitable conséquence de perturber les conditions de l'appartenance à ce groupe.

1. Voir chapitre IV, p. 93.

Spirale infernale des incompréhensions, des reproches. Celui qui rompt est accusé de manque de loyauté envers le groupe avec lequel il a rompu, à qui il reproche lui-même de le persécuter.

Des deux côtés on impute à l'autre le gâchis de ce qui a été investi puis abandonné. On n'a plus le même code, plus le même langage.

Les deux parties sont devenues imprévisibles l'une pour l'autre, donc indignes de confiance réciproque, donc respectivement suspectes.

Je ne te reconnais plus.

Que dire — quand il s'agit d'une rupture amoureuse — de la souffrance de se sentir exclu, sans légitimité, sans identité, dans un état de clandestinité très difficile à vivre puisqu'on n'a plus sa place dans le monde d'avant et pas encore dans le monde d'après. Pour aggraver la souffrance, il n'est pas rare qu'une rupture en provoque d'autres. Nos proches nous quittent, car ils ne nous retrouvent plus là où ils nous avaient laissé.

Beaucoup de couples qui ont rompu témoignent que des couples amis ne les voient plus parce qu'ils se sentent eux-mêmes remis en question.

Une autre raison à cet éloignement est la difficulté de trouver de nouvelles marques pour établir une relation avec deux personnes distinctes quand on avait l'habitude d'une relation avec les deux à la fois. Il est intéressant de constater qu'on cesse généralement de voir le plus clandestin des deux, le plus difficile à « reconnaître ».

Lorsque certaines ruptures étaient considérées comme des atteintes aux règles morales, sociales ou religieuses — tel le divorce —, on sait à quel point la clandestinité prenait tout son sens. Le divorcé était une personne illicite, illégale. On ne « recevait » pas les divorcés ni parfois leurs enfants, on ne les enterrait pas religieusement.

Mais aujourd'hui, dans notre société, moins rigide à beaucoup d'égards, comment expliquer le caractère d'étrangeté qui s'attache à la rupture ?

Celui qui rompt ne porte plus guère atteinte à la morale mais à des normes de sécurité, à des certitudes dont on appréhende qu'elles puissent se fissurer, peut-être à des espoirs perdus.

À changer de territoire, on devient un inconnu pour les autres. Ainsi, les ruptures les plus pures, les plus « honorables » comme celles des explorateurs n'échappent pas au caractère clandestin propre aux ruptures. On les regarde certes comme des héros, mais en même temps comme des hommes ambigus puisque leurs motifs d'agir ne sont pas totalement compréhensibles. Lorsqu'il leur advient un accident, à la compassion s'ajoute parfois un reproche : qu'avaient-ils besoin de faire cela ?

Ne pas comprendre est irritant pour la raison, la seule explication à leurs agissements ne peut se situer que hors de son champ : dans la déraison.

D'autres explorateurs, ethnologues, aventuriers ont eu un accès si intime à la culture et aux valeurs profondes d'un peuple qu'ils s'y sont reconnus et ont décidé de les partager définitivement.

Le passage est alors aisé de la clandestinité à la trahison. Il y a de la trahison dans toute rupture.

Quelle trahison ?

Je connais une rupture exemplaire parce que extrême, celle accomplie par un jésuite belge que beaucoup de Français de passage à Tokyo ont rencontré.

Il vit au Japon depuis plus de quarante ans. Il a si profondément adhéré au mode de vie japonais et aux valeurs de ce peuple qu'il se sent apparemment plus japonais qu'occidental. Depuis longtemps, il ne revient plus dans son pays et sera inhumé au Japon.

Il se veut un interprète des valeurs japonaises auprès des Occidentaux, sans doute un médiateur. Peut-être est-ce pédagogie, mais son discours n'en est pas moins un discours très fort de rupture dans lequel il exprime des critiques des comportements occidentaux, exactement comme le font les Japonais eux-mêmes.

J'ignore comment, dans les profondeurs de sa conscience, il a concilié les valeurs religieuses, culturelles respectives de l'Europe et du Japon, mais l'entendre est troublant et mène à des réactions contradictoires.

Ou son comportement apparaît comme une trahison aux valeurs occidentales pour avoir épousé à ce point les valeurs japonaises, ou comme une exceptionnelle ouverture vers un autre monde — dont c'est peu dire qu'il est différent du nôtre —, comme une capacité hors du commun d'avoir su assimiler un grand nombre de facteurs nouveaux et complexes.

Pour chacun, pourtant, une constatation s'impose : cet homme a été assez créatif pour vivre deux vies.

Pourquoi serait-ce trahir que quitter un homme ou une femme, une culture, un pays, si on le fait avec clarté, vérité et humanité et sans désir d'exploiter ce qu'on a appris d'eux pour leur nuire ? Parce qu'à se détourner des modèles en vigueur, des comportements traditionnels, des lieux, des cultures, des amours, et parfois de son propre passé, on cesse de leur appartenir et, d'une certaine manière, on leur est infidèle.

C'est si vrai que, dans le langage de la rupture amoureuse, le verbe quitter est souvent employé comme synonyme de trahir. Même dans le cas d'un homme ou une femme qui quitte l'autre pour… personne, on traduit volontiers par « il m'a trahi(e), il a trahi mon amour, il a trahi notre amour ».

Rompre est, en effet, retirer à l'autre quelque chose qu'il croyait acquis dont il avait besoin pour continuer à vivre.

Avoir un chagrin d'amour, c'est être abandonné par celui ou celle qui nous gratifiait. L'image idéale que l'on se faisait de soi est alors profondément blessée.

Voilà la trahison.

Mais ce qui nous intéresse dans « la rupture pour vivre », ce sont les plus pures et les plus profondes ruptures, celles avec soi-même, qui après bien des détours, parfois après bien des risques, mènent à leur propre accomplissement.

C'est toute l'histoire du *« Pianiste de Sienne*[1]*»* entraîné par sa mère dans une voie qui, sans doute, lui convenait davantage à elle — peut-être pour conforter sa propre image — qu'à lui. Les mères et les pères de cette sorte, en substituant leur volonté à la réalité profonde, à l'identité de leurs enfants, en exerçant sur eux une pression prétendument salutaire, en fait destructrice parce qu'elle affaiblit leurs désirs, en freinant leur vitalité qui précisément ne doit pas être freinée mais développée au service de leur créativité, en les rendant dépendants d'un travail où ils réussissent, hélas ! souvent bien, vainquent leur vraie nature et leur capacité à se rebeller.

Henri Laborit disait qu'il était effrayé par les automatismes qu'il est possible de créer à son insu dans le système nerveux d'un enfant, auquel il faudra, dans sa vie d'adulte, une chance exceptionnelle pour s'évader de cette prison, s'il y parvient jamais[2].

1. Voir chapitre I, p. 34.
2. Henri Laborit : *Éloge de la fuite*, Robert Laffont, 1976.

Le pianiste de Sienne a conjuré ce danger grâce à une rupture périlleuse. Combien y parviennent-ils ?

La vie en société conforte souvent ce type de schémas acquis dans l'enfance en tentant les hommes et les femmes par des dépendances gratifiantes qui peuvent leur apporter le pouvoir, la réussite sociale.

Mais, après un long travail inconscient, qui peu à peu devient plus conscient sous l'action de circonstances qui révèlent un malaise, il arrive que ces schémas cessent de leur convenir.

Alors, avec de la chance et grâce à un travail sur soi-même, des désirs méconnus, des souffrances oubliées se libèrent et les amènent à percevoir leurs vrais besoins.

Si ces besoins deviennent assez forts pour que ces hommes et ces femmes cessent de les confondre avec d'autres exigences que les leurs, ils peuvent alors retrouver une vie fondée sur leurs propres expériences et non sur celles apprises ou imposées par d'autres.

Ils sont en route vers la conquête d'une certaine liberté et y parviennent, souvent dans des situations de crise qui mènent à des ruptures à la fois professionnelles et affectives comme le fit Dan le journaliste (« *Conversations avec Dan*[1] »).

Rompre alors avec autrui, le « trahir » est cesser de se trahir soi-même. C'est le prix à payer — et, il est vrai, à faire payer aux autres — pour retrouver ou découvrir « sa part manquante ».

Le pianiste de Sienne fut accusé par ses proches de *trahir* son art, Dan de *lâcher* son métier, Madeleine de *déserter* sa vie de famille.

Ces termes signifient bien l'opprobre — peut-être aussi une envie refoulée — à l'égard de ceux qui, en accomplissant ces actes déconcertants que sont les vraies

1. Voir chapitre III, p. 65.

ruptures, ont changé le cours de leur vie et — un peu — celle des autres.

J'ai entendu des religieux qui, en d'autres temps, avaient été pilote de ligne, homme d'affaires ou fonctionnaire insister avec beaucoup de gravité sur la responsabilité de ruptures comme les leurs qui pouvaient produire des ondes de choc très puissantes. L'annonce de leur entrée dans un monastère avait provoqué, chez certains de leurs proches, des questionnements si profonds les concernant eux-mêmes que leur vie en avait été un moment perturbée et parfois durablement modifiée.

Tout cela n'est pas sans danger, et on comprend bien que l'idée de rupture ne soit pas, *a priori*, considérée comme un processus positif. Mais les règles morales et religieuses se sont assouplies, les règles sociales aussi — bien que leur résistance aux ruptures soit encore forte —, et l'acte de rompre n'est plus un acte condamnable et condamné comme il l'était au siècle dernier. Les ruptures, avec la famille, avec la société, étaient des fautes, graves, plus impardonnables encore si l'amour et la sexualité y rôdaient secrètement.

Il faut se rappeler les drames humains que cette société engendrait par son autorité, sa rigidité, son souci de l'apparence, par son puritanisme. À l'évidence, toute rupture visible ne pouvait qu'être interdite.

Comment, par exemple, ne pas penser à ces femmes enchaînées à vie à un mari psychiquement malade qui les détruisait, elles et leurs enfants, et qu'elles n'avaient aucune possibilité de quitter. On sait bien que le pouvoir donne plus facilement accès à la liberté, et, comble de l'injustice, les hommes, eux, pouvaient répudier leur femme sous prétexte de folie.

Outre l'assouplissement de la société, le développement des moyens de communication nous a ouverts à d'autres cultures, à d'autres perspectives, à de nouveaux modes de pensée.

Mais, surtout, les règles de la psychologie ont été bouleversées : en cette fin du XIXe siècle la psychanalyse est apparue, venant au secours de la rupture.

En affirmant le concept de castration, la psychanalyse a montré que la « rupture » était nécessaire à l'équilibre de la vie et l'a ainsi réhabilitée.

« Ce n'est pas simplement sur le plan de la technique psychanalytique, de la pratique de la cure, voire même de la théorie que le concept de castration a une valeur ou un intérêt : il me semble qu'il a un intérêt tout à fait actuel au niveau d'un certain état que Freud aurait appelé la civilisation[1]. »

En découvrant le refoulement, Freud a révélé aux hommes leurs conflits cachés et les a autorisés — pour leur santé — à rompre avec la cause de ces conflits. Il leur a ainsi permis de se libérer de bien des souffrances.

La vulgarisation relative de la psychanalyse permet à un plus grand nombre de gens d'en bénéficier, et il semble qu'on puisse repérer ses effets non seulement dans la structure familiale mais plus largement dans la société. Pour notre chance, il y a une compréhension plus grande des phénomènes de rupture.

L'intelligence de la rupture, on l'acquiert avec l'expérience de vivre. Quand, à force d'essuyer des tempêtes vivifiantes ou meurtrières, des échecs de tous ordres et des victoires, on finit par apprendre à se diagnostiquer sans trop d'erreur, on parvient, par là même, à évaluer avec une certaine clairvoyance les limites au-delà desquelles la poursuite d'une relation ou d'un mode de vie est un danger pour l'équilibre, et l'acte de rompre — aussi difficile soit-il à accomplir — est à notre portée. De mille façons.

1. Serge Leclaire : *Démasquer le réel*, Seuil, 1983.

Le pianiste de Sienne

Entre toutes les ruptures dont j'ai été le témoin, qui me furent racontées ou que j'ai partagées, celle du pianiste de Sienne a une place à part.

Par sa pureté et sa profondeur, elle illustre le propos du chapitre précédent qui est aussi le thème et l'ambition de ce livre : comment certaines ruptures nous révèlent ce que nous sommes vraiment et comment elles peuvent libérer en nous des forces de vie.

L'été 1979, nous avions remarqué un jeune homme qui passait de longs moments à la terrasse d'un café de Sienne. Nous le rencontrions souvent flânant dans la ville, et nous avons fini par lier conversation avec lui.

Il était un pianiste réputé — sinon célèbre — et avait passé sa vie à s'exercer huit heures par jour, puis à jouer presque chaque soir dans une ville nouvelle, jusqu'à l'année précédant notre rencontre.

Cette année-là, il avait été victime d'un accident de voiture qui l'avait contraint à quelques semaines de soins dans un hôpital puis à plusieurs mois d'immobilité.

Avec surprise et peine et avec une effroyable culpabilité, il avait alors pris conscience que — selon ses propres termes — sa vie avait été une prison. Il avait vendu son Steinway de concert et, depuis, ne cessait de voyager.

— Peut-être m'en lasserai-je, disait-il, mais aujourd'hui je suis comme un détenu qui a pris vingt ans et qu'on a libéré. J'ai vingt-sept ans et, depuis mes sept ans, je n'ai rien fait d'autre que jouer sur un clavier.

Après l'accident, dans l'attente du verdict des chirurgiens qui s'occupaient de ses mains, il avait vécu dans une profonde angoisse mais, quand il avait su que tout allait bien, il avait été stupéfait de ne pas éprouver le bonheur attendu.

Malgré de violents conflits intérieurs, il avait pris la décision de mettre fin à sa carrière avec une infinie tristesse d'où, peu à peu, avait affleuré un soulagement si doux et si tenace qu'il s'était demandé si, au fond, il ne se préparait pas depuis longtemps à cette issue. Sa propre tension nerveuse n'était pas pour rien dans l'accident dont il avait été la victime et l'acteur.

— Après une perte de repères assez pénible, une sorte d'égarement du temps, je me suis enfin aperçu puis reconnu comme l'homme que je suis aujourd'hui et non comme le concertiste d'autrefois. Je connais, depuis, un sentiment de liberté qui ne cesse pas.

Le plus grisant, disait-il, était l'absence de programme. Avant, son agenda était clos pour les deux années à venir. Ce matin-là, à Sienne, il ne savait pas s'il y serait encore le soir même et, s'il partait, il était incapable de nous dire où il serait alors.

— Je n'ai pas d'avenir. Je veux dire que je n'ai aucun jalon pour les jours, les mois, les années à venir, vraiment aucun projet, pas un rendez-vous, pas même un désir précis. Anticiper n'a pas de sens pour moi.

Mais le plus beau de son histoire était qu'il avait déjà vécu deux vies, deux vies de nature absolument différente. Une vie de concertiste, une vie de vagabond.

Il avait connu le bonheur de l'émotion musicale, l'intériorité mais aussi la séquestration ; il vivait maintenant de plein fouet une relation au monde, à la nature, aux êtres qui n'avait pas le moindre rapport avec sa vie antérieure.

Nous avons quitté Sienne alors que le pianiste y séjournait encore. Il nous avait donné le numéro d'une boîte postale à Genève et, nous, notre adresse à Paris pour y faire escale quand il le voudrait.

Plus d'une année après, il nous a téléphoné.

Vienne, Varsovie, Prague, Budapest, Sarajevo, il avait été comblé d'architecture baroque et avait désormais grand besoin d'une nature aussi dépouillée que possible. Il était en partance pour l'Islande.

Nous avons passé quelques soirées inoubliables. La rupture qu'il avait effectuée était présente dans tous les récits du pianiste, comme un événement majeur, un événement heureux. Les années passant, il éprouvait la nécessité d'en parler, de découvrir la signification de ce qui lui était arrivé. Il disait que le deuil de sa carrière musicale, en le libérant de contraintes qu'il n'avait pas su maîtriser, l'avait ouvert à d'autres émotions qu'il ne soupçonnait pas.

« Tout ce qui est perdu est gagné », lui avait dit l'aumônier de l'hôpital qui l'avait visité après son accident. Il y pensait souvent.

Mais que s'était-il passé de si secret et de si profond en lui, qui ait mené à un tel bouleversement dans sa vie ? L'accident de voiture n'était, de son propre aveu, qu'une conséquence d'un processus déjà en marche.

Il insista, comme tous ceux qui ont effectué des ruptures importantes, sur le long trajet qui mène à de telles décisions. Avec le temps, il parvenait à reconstituer le sens de certains de ses comportements et admit que maintes crises légères, qui s'étaient manifestées longtemps avant la crise ultime, l'avaient préparée, mais aussi — en l'accoutumant à des malaises bénins — l'avaient masquée.

Il se souvenait très clairement, sans cependant pouvoir la dater, d'une première fêlure qu'il qualifia de presque imperceptible, car il n'en avait nullement pris la mesure : un soir, peu avant d'entrer en scène, le désir de jouer l'avait quitté.

L'ardeur qui le portait, à chaque concert, à offrir l'émotion musicale la plus pure possible à son public l'avait abandonné. En attaquant le premier morceau, il l'avait cependant retrouvée, mais moins jaillissante, alourdie, retenue par une angoisse qui était d'une autre nature que le trac habituel.

Ces signaux — qu'il nommait aujourd'hui symptômes — s'étaient renouvelés à intervalles plus ou moins longs et réguliers, mais de manière moins directe, plus pernicieuse. Le refoulement avait entrepris son œuvre et la fêlure s'était camouflée sous d'autre formes plus difficiles à décrypter : grippes à répétition, crampes.

Les malaises psychosomatiques auxquels il était sujet, par une malignité du sort — ou de l'inconscient —, ne touchaient jamais directement ses mains et n'étaient jamais assez violents pour lui interdire de jouer.

Pour cette raison, ils lui étaient au fond assez étrangers, il ne les reliait en aucun cas à sa vie de musicien. Ils fonctionnaient dans une autre partie de lui-même, étaient, selon lui, strictement physiologiques et échappaient à l'univers supérieur de la musique, comme s'il refusait d'admettre que travailler le piano mettait aussi son corps à contribution.

Il n'avait jamais eu à annuler un concert — ce qui l'aurait peut-être amené à une inquiétude bénéfique — mais, à longueur de saison, il était incommodé par des rhumes, des maux de dos, des migraines.

Le diagnostic des médecins et la thérapie conseillée furent ce qu'ils sont dans ces cas-là : fatigue générale, repos.

Le fait que les médecins de Londres, de Paris, de Philadelphie ou de Sydney parviennent à la même conclusion et à la même recommandation était de nature à le rassurer.

Comment avait-il pu ignorer une alerte aussi grave et en faire un secret, même pour lui-même ? Des questionnements non encore résolus, celui-là demeurait le plus vif, le plus incompréhensible.

À aucun moment, durant ces années-là, il n'eut le sentiment ou le pressentiment que ces malaises pouvaient être à terme un danger pour sa carrière et l'équilibre de sa vie.

S'était-il jamais senti en état de crise ? Il pensait que non. Il avait eu le sentiment d'une menace imprécise rendant son travail moins aisé. Il retrouvait certaines difficultés de concentration dont il avait souffert adolescent, et seule cette régression l'inquiétait comme une faiblesse technique à laquelle il tentait de remédier en travaillant encore davantage.

Il savait aujourd'hui que ces manifestations étaient les signes d'une rupture en puissance. Le désir, ou plutôt la nécessité d'une telle rupture, était bien là, tapi en lui, opiniâtre, attendant sans relâche que la tension parvienne à son comble pour rompre le cours des choses.

Mais plus la tension est forte, plus tenace est la vigilance des gardiens de l'ordre, du confort de la permanence.

Ces sentinelles furent de trois sortes.

D'abord lui-même, avant tout lui-même. Isolé par l'organisation inflexible de sa vie, pour avoir la force de se remettre en question, il lui aurait fallu une énergie qu'il n'avait pas. Où l'aurait-il puisée ? Dans quel désir, dans quelle révolte ? Rompre, c'est dire non. À quoi ou à qui voulait-il dire non ? Sûrement pas à ce qui lui semblait sa raison d'être : son métier de concertiste.

Son entourage, singulièrement le petit groupe qui gérait sa carrière, fut un redoutable geôlier. Par intérêt mais aussi, pour certains d'entre eux, par affection, ils se devaient de le maintenir dans son rôle, puisque ce rôle leur semblait, à l'évidence, le fondement de sa vie. Ils se gardaient bien de s'interroger sur les raisons des troubles persistants qui l'affectaient.

Il n'est pas rare que nos proches soient parmi ceux qui contestent le plus volontiers nos besoins réels, par crainte de changements qui les affecteraient eux aussi. Il est d'ailleurs intéressant de constater que, dans une société qui revendique ses fractures, l'harmonie et le consensus soient des valeurs individuelles si sûres.

Un seul de ses amis — concertiste lui-même — lui avoua, plus tard, avoir soupçonné la vraie nature de ses malaises, mais il en avait rejeté l'idée car l'implication du pianiste dans son métier était si absolue, et son repli au sein de l'univers musical si grand, qu'il ne voyait pas quelle issue lui serait permise si la poursuite de sa carrière s'avérait difficile.

Enfin, son départ de Genève et son installation à Londres servirent d'alibi pour expliquer qu'il fût perturbé et aidèrent pendant quelques mois à camoufler la réalité.

Et puis, par un matin brouillardeux, ce fut l'accident de voiture sur la route de l'aéroport de Heathrow, où il allait prendre un vol pour New York.

Le pianiste nous dit avec insistance :

— Un choix mystérieux s'est fait en moi. J'aurais pu, en effet, régler mes difficultés par la dépression ou quelque maladie. L'accident fut une solution plus radicale, peut-être mon psychisme s'en arrangeait-il mieux. Je pense à l'accident de moto du colonel Lawrence — l'illustre Lawrence d'Arabie retiré dans la campagne anglaise — dont on dit qu'il fut une sorte de suicide ou de complicité avec la mort. Dans mon accident, quelque chose ressemblait à cela. Quoi qu'il en soit, il fut un élément majeur de mon choix. En cessant toute activité pendant quelques mois, je faisais déjà l'apprentissage d'une autre vie et pouvais réfléchir loin de l'influence de mon environnement habituel.

Aussitôt après l'accident, avant que ne surgissent la souffrance, la peur d'être mutilé, puis, un peu plus tard, l'angoisse du concert non tenu et ses conséquences, le soulagement d'avoir, peut-être, à abandonner la vie qu'il menait fut, en un éclair, le premier sentiment qu'il éprouva. Un soulagement qu'il qualifia de primitif tant il était immense, absolu, nécessaire.

Parce que nous sentions que le pianiste attendait cette question, l'un de nous osa dire :

— Mais pourquoi ? Pourquoi une rupture aussi radicale ?

— Pour vivre.

Rompre pour vivre. Quand, pendant sa convalescence, il prit la liberté de formuler ainsi ce qu'il commençait à tenir pour une évidence, ses proches n'y virent que confusion. Il a brisé sa vie, disait-on de tous côtés.

Comment expliquer que le déchirement dans l'organisation de son existence, cette rupture sauvage avec son métier et son environnement le ramenaient vers son vrai moi.

Le pianiste nous dit que sa mémoire était peut-être incertaine et qu'elle ne reconstruisait que des bribes d'une réalité plus profonde, qu'il n'était sûr de rien, mais que ce qu'il savait était déjà une réponse qui le satisfaisait. Une réponse qui venait de l'enfance.

Il nous raconta que sa mère, sans conviction particulière, lui avait fait donner des leçons et qu'elle fut peu à peu persuadée par le professeur, puis un peu plus tard par un autre, qu'une carrière de concertiste était envisageable pour son fils.

Elle l'avait fait, à n'en pas douter, de bonne foi, mais en ne prenant pas toutes les précautions nécessaires pour s'assurer, lorsqu'il fut adolescent, de son adhésion sans faille à ce métier. Elle avait eu tort, car il n'honorait pas du terme de vocation son inclination d'enfant pour la musique, consolidée, développée par le travail.

Les professeurs ne s'étaient certes pas trompés musicalement, ni quant à sa capacité de travail et de rigueur.

Selon lui, ils l'avaient même sous-estimé. Sa puissance de travail, une immense bonne volonté, une aptitude peu commune à la culpabilité — brillamment développée par le premier professeur relayé par sa mère — avaient failli faire de lui un fou. C'est ainsi qu'il s'exprima.

Le père était absent une grande partie de l'année, et le professeur lui tint lieu de père qui ne développa chez l'enfant que le travail musical.

Il fut privé de l'initiation généralement menée par les pères à des pratiques comme le sport dont bénéficient, avec ardeur, les garçons de son âge. On ne lui avait pas appris à lâcher prise, on ne l'avait pas encouragé à avoir d'autres centres d'intérêt, ne serait-ce que le jeu avec d'autres enfants, les activités physiques et plus tard la fête. Sa vie était circonscrite à son piano.

Il nous dit qu'il était entre les mains d'un conseil d'administration et non d'une famille. Sa mère et le professeur établissaient ensemble un programme rigoureux avec fixation d'objectifs à tenir impérativement. Sa vitalité d'enfant, sa joie de vivre, sa fantaisie, et peut-être davantage encore son imagination, étaient menaçantes puisqu'elles allaient à l'encontre de la discipline qu'on lui imposait et elles furent étouffées.

Il se pliait aux instructions de ceux qui « voulaient son bien » et avait fini par confondre liberté et désobéissance, plaisir et paresse. C'est ainsi qu'on l'avait conditionné à être l'ennemi de sa propre nature, et ce fut le sens de sa rébellion : se libérer des contraintes qui avaient fait de lui un bon pianiste pour retrouver l'enfant remuant, espiègle, enthousiaste qu'il avait été et qu'il retrouvait dans l'homme qu'il devenait.

Pendant ses années d'enfance, il s'était identifié au pouvoir de ceux qui le dirigeaient puis, adulte, il prit le relais et fut plus sévère encore et plus exigeant avec lui-même qu'ils ne l'avaient été.

Mais la nature se venge. Pendant ces années, un combat souterrain fut mené entre une vie vouée à une extrême discipline — avec les satisfactions que celle-ci procure quand elle donne des résultats heureux — et le désir d'une autre vie plus ouverte, plus curieuse, plus inattendue.

Alors que les malaises n'avaient été jusque-là que des menaces imprécises qui l'avaient laissé assez indifférent, le danger était distinctement apparu. Peu avant l'accident, il avait dû se rendre à l'évidence que la pratique de son art, dont il croyait qu'il répondait entièrement à ses besoins essentiels, n'était plus en mesure d'assurer son équilibre, que sa créativité avait diminué. Il jouait de moins en moins bien, son jeu était moins net, il y mettait le flou qui régnait en lui.

La souffrance née de sa régression en tant qu'artiste l'avait mené à un mal d'être insoutenable et avait provoqué un déséquilibre si grave que l'accident était survenu. En ce sens, c'est la musique qui l'avait sauvé, car c'est elle qui lui avait intimé l'ordre d'arrêter.

Il répéta, avec une certaine satisfaction, qu'il aurait pu tenter d'échapper à ces difficultés majeures par une maladie physique ou mentale. L'accident avait été une bien meilleure solution. Il le mena à prendre lui-même la décision de tout quitter, lui épargnant de se voir dépossédé de son métier, ce qui selon toute vraisemblance serait arrivé, sans doute après des années de désespoir et de doutes.

Le travail du deuil et l'espoir d'une renaissance s'étaient faits pendant son séjour à l'hôpital, et surtout au centre de rééducation.

Les douleurs physiques lui firent prendre conscience avec rudesse de l'absurde séparation qu'il avait établie entre son corps et « son âme musicienne ». Cette évidence qu'il vivait dans sa chair fut un retour au réel assez brutal et puissant pour le mener à la décision de ne pas reprendre son métier.

Il nous parla, de manière magnifique, du rôle bénéfique de la rééducation physique pendant le deuil très douloureux né de son renoncement. Il prit conscience de son corps, morceau par morceau, et découvrit des sensations qui, jusque-là, lui avaient été étrangères, et ce corps lui apparut comme l'outil nécessaire pour l'aider à compenser ce qu'il rejetait avec cruauté : son art, son tête-à-tête solitaire avec la musique.

C'est grâce à son corps, dont la sensualité nouvelle lui faisait beaucoup espérer, qu'il échappa au monde qui l'avait tenu prisonnier. Il identifia une à une, pour y renoncer, les forces qui l'avaient retenu dépendant — en premier lieu le doute de soi —, forces qui lui semblaient aujourd'hui comme des fantômes qu'il avait installés dans son imaginaire.

À mesure que son corps acquérait de l'autonomie, de l'énergie, de la beauté, la douleur que lui donnait la musique abandonnée, mais qui continuait à chanter dans sa tête, diminua.

Diminua aussi la peur de la brutale liberté qu'il avait fait éclater grâce à la brèche qu'il avait ouverte dans le programme de sa vie. Son corps lui disait qu'il pouvait vivre seul et quitter sans crainte l'environnement qui l'avait isolé du monde.

Très vite, il sut qu'il était trop tard pour concilier sa vie de musicien et sa vie d'homme. Il n'en avait pas le désir, il y avait trop à rattraper, le temps lui manquerait pour développer tout ce qui, en lui, avait été oublié, assoupi ou gravement refoulé : les désirs et les plaisirs qui nous font vivre.

Du temps, il lui en faudrait beaucoup, toute une longue vie peut-être, pour réveiller, stimuler et faire naître à nouveau les énergies bafouées.

Ainsi, rompre ne fut pas pour lui, malgré les apparences, se séparer de l'essentiel de soi-même. Ce fut, au contraire, grâce à cette séparation, sentir émerger sa propre réalité en abandonnant ce qui avait été construit à l'initiative d'autres que lui, à quoi il avait activement participé, et qui soudain s'avérait incompatible avec une exigence fondamentale, celle de vivre. Quelque chose en lui — l'instinct de survie — avait su que poursuivre sa carrière eût été un danger mortel. Le combat pour la réalisation de soi commençait par là.

Ce n'était pas fini. Dès que la rupture serait consolidée, il devrait se reconstruire sur d'autres repères, les siens. Encore fallait-il les découvrir. Écouter de la musique lui fut douloureux pendant le deuil qu'il en fit. Alors, il s'intéressa à un art apparemment moins insaisissable, plus tangible : la sculpture, cet art de pierre et de bois, et rien ne l'apaisa autant.

Il parcourut l'Europe en quête de cathédrales. Il caressait les anges, les vierges et les gorgones de pierre, et se plaisait à penser qu'ils lui tenaient lieu de tuteurs dans sa nouvelle vie.

Pour nous faire plaisir et nous prouver ses compétences, preuve de l'homme nouveau qu'il était, il nous dit qu'il avait élu ces derniers jours, en parcourant l'est et le nord de la France pour venir à Paris : *Le Tentateur* de la cathédrale de Strasbourg, *Saint Nicaise* de Reims, la *Tête de roi* de Beauvais, et nous en parlâmes longuement.

Notre société met l'accent sur les rapports interpersonnels et la qualité des relations humaines comme source de bonheur, comme signe de maturité.

Inversement, quiconque porte atteinte à l'harmonie des relations avec autrui est suspect d'immaturité, voire de névrose. D'où l'horreur des ruptures, et celle qu'il fit n'y échappa pas.

Ses proches furent atterrés, mais sa capacité nouvelle à lutter en faveur de sa propre réalité permit au pianiste de résister aux pressions de son entourage. Il fit confiance à ses nouveaux désirs et le besoin d'être approuvé par autrui le quitta. Il identifiait trop clairement désormais les dangers qu'il avait courus pour ne pas rejeter l'aliénation, toutes les aliénations qui avaient commencé à le détruire.

En cela aussi, l'accident fut ausssi une chance, sinon quels arguments aurait-il eus pour résister au scandale de l'annulation de deux ans de concerts avec pour conséquences les pressions juridiques et les chantages à l'amitié.

On le plaignit d'abord, puis, quand on sut qu'il allait mieux, il fut accusé d'avoir trahi son métier et ceux qui en vivaient.

En réalité, c'est à la trahison de soi qu'il venait de mettre fin.

Ce qu'il n'avait pu vivre enfant, il commençait à le vivre adulte. Grâce à la bienheureuse rupture qui a si mauvaise réputation, il avait retrouvé ses besoins ensevelis et commençait d'y répondre. Sa rupture n'était qu'espérance.

Les années passant, nous nous interrogions sur l'avenir du pianiste. Pourrait-il se contenter, longtemps encore, d'observer les êtres et les choses, d'être seulement un témoin du monde ? En outre, de son propre aveu, son pécule diminuait et il devrait — à court terme — travailler.

Chaque fois que nous le voyions, à intervalles plus ou moins longs, sa conscience de lui-même s'approfondissait, la vision qu'il avait de sa vie se précisait.

— Je me rends à cette évidence, disait-il, de n'être pas capable d'agir, d'accomplir, de concrétiser. Contempler me comble.

Il a fallu que je rompe avec mon métier, mon milieu, ma famille et mon pays, et que je vive tant d'années de deuil et de reconstruction de moi-même pour découvrir que je ne suis pas un artiste mais que l'art m'est vital, et pour fonder ma vie sur cette certitude.

Il ne nous parlait jamais de musique, mais de sa passion croissante pour la peinture. Il voyait chaque année des centaines de tableaux dans les musées du monde.

— Je visite toujours les expositions à plusieurs reprises, nous disait-il, car, la première fois, ce que je reçois des tableaux dépasse ma capacité de regard et je ne peux rester longtemps. Je suis assailli par des ondes de couleurs, de formes qui déclenchent des émotions trop nombreuses, trop fortes et surtout stimulent mon imaginaire comme si j'entrais dans la toile, comme si j'appartenais à ce que, pour moi, elle représente.

Comment rencontre-t-on son destin ? Un jour, à Berlin, le pianiste fit la connaissance d'une femme russe qui tenait une galerie à Moscou. Elle avait immédiatement perçu sa passion pour la peinture contemporaine et la connaissance qu'il en avait. Elle lui proposa de travailler avec elle.

Pendant quelques années, il poursuivit ses voyages mais avec un but : celui de promouvoir les peintres russes qui, enfin, pouvaient peindre des arbres bleus et de la neige orange sans être menacés de censure par les fonctionnaires de la culture d'État. Il refusa longtemps de rejoindre la femme russe à Moscou, puis il se rendit à ses raisons. Elle était âgée et avait besoin de lui pour partager la charge de la galerie, et surtout pour parcourir l'immense pays à la rencontre des peintres.

Alors, presque sept années après avoir quitté son métier de concertiste, le pianiste eut enfin le sentiment d'avoir atteint ce qui le rendait heureux, sans déchirures internes, sans regrets ni remords, sans l'impression de s'être trahi en quoi que ce soit, mais avec la certitude de s'être réconcilié avec ses vrais désirs, ceux de toujours, ceux qu'il avait refoulés au point de s'être mis en danger et qu'il n'aurait jamais osé formuler avant : l'harmonieuse union de l'art et de la liberté.

Nous étions persuadés qu'il ne finirait pas sa vie dans sa galerie de Moscou. Il nous dit que nous avions peut-être raison mais qu'il avait une certitude : où qu'il aille, quoi qu'il fasse, il vivrait avec des peintres. Ils étaient les seuls à lui avoir non seulement dit mais *montré* sur leurs toiles ce qu'il y a de plus douloureux et de plus noble pour un artiste : détruire les solutions trouvées pour en découvrir d'autres plus exigeantes.

CHAPITRE II

Rupture et changement

Avant d'aborder les étapes de la rupture, ses causes, ses modalités, il nous paraît nécessaire de faire la différence entre rupture et changement.

On les associe volontiers, car le changement est une séparation avec un ordre précédent, comme la rupture. Et pourtant, il s'agit de démarches de nature différente qu'il importe de ne pas confondre.

Alors que la rupture atteint dans sa structure même une situation donnée et peut y mettre fin, le changement est une modification d'une situation, un aménagement qui permet de neutraliser des conflits potentiels ou de les équilibrer suffisamment pour éviter, à terme, une vraie rupture.

Les différences entre rupture et changement ne sont pas des nuances. Ce sont deux processus distincts.

La rupture est inopinée, même si un long travail intérieur la prépare et qu'on la sent sourdement s'élaborer en soi. On ne sait jamais quand elle éclatera, elle échappe à la prévision, à la maîtrise, au contrôle, elle est une crise avec ce que cela signifie de brusque, de brutal, de surprenant. Le changement, lui, est organisation.

Du fait de sa soudaineté et des perturbations qu'elle provoque, la rupture introduit un autre rapport au temps, un rapport désordonné, chaotique, les capacités d'adaptation d'un individu sont dépassées, des relations, des organisations sont bouleversées. Le changement est progressif. Il respecte la chronologie pour planter ses repères et agencer avec logique ses étapes, il s'effectue généralement dans une certaine continuité avec le passé.

Il n'est pas rare qu'une rupture suscite des émotions et des sentiments violents dont n'est pas exclue une certaine jubilation. La part du subjectif, des pulsions, de l'imaginaire marque de son empreinte le processus de la rupture. À l'inverse, le changement fait davantage place à la réflexion, l'objectivité, la raison, au calcul.

Enfin, une vraie rupture est irréversible. En effet, quand à grand mal on a abandonné des modes de pensée, des comportements et qu'on s'est restructuré au plus profond de soi, il n'est plus possible d'entreprendre avant longtemps un nouveau travail de déconstruction et de reconstruction. Le changement peut faire l'objet de maintes réorganisations, sa nature est d'être mouvant.

Un changement est une *adaptation*, une rupture est une *mutation*.

Pour toutes ces raisons, la rupture est un risque majeur sans commune mesure avec le risque calculé qui intervient dans un changement, c'est pourquoi, dans une vie, il est rare d'accomplir plusieurs vraies ruptures alors que les changements sont multiples.

Les apparences sont souvent trompeuses et, pour des observateurs extérieurs, rupture et changement ne se distinguent pas toujours clairement. Pourtant, quiconque l'a vécue sait qu'une vraie rupture est une fracture qui nous sépare d'une part de nous-même.

Le miracle des ruptures réussies est que cette part de nous-même — dont il faut croire qu'elle nous mécontentait puisque nous nous en sommes séparé — nous la recréons et que, à terme, elle retrouve sa place en nous, renouvelée mais nullement étrangère.

Les deux témoignages qui suivent concernent deux femmes évoluant dans un univers professionnel comparable.

Parce qu'il s'agit d'un univers professionnel dont sont absents des émotions et des enjeux aussi brûlants que ceux observés dans des ruptures amoureuses ou familiales, ces témoignages éclairent d'une manière simple d'une part un changement, d'autre part une rupture, d'une part une adaptation, d'autre part une mutation.

Changement

L'assouplissement des règles au sein des entreprises, en particulier l'aménagement du temps de travail, a permis à des collaborateurs subissant, à certains moments de leur vie, des tensions particulièrement fortes, à la fois professionnelles et personnelles, de réussir des adaptations judicieuses et d'éviter des ruptures aux conséquences néfastes.

Ce fut précisément le cas d'une jeune femme qui, après une méningite dont elle avait rapidement guéri, avait achevé de prendre conscience pendant sa convalescence qu'elle ne pourrait plus reprendre la vie qu'elle avait menée pendant des années, prise entre sa profession, ses enfants, son mari.

Elle n'acceptait plus de n'avoir aucune marge nécessaire à sa propre réflexion, la réalisation de projets personnels pourtant modestes comme aller au spectacle ou rencontrer plus souvent ses amis.

Elle était convaincue que cette maladie, elle l'avait inconsciemment voulue pour respirer un peu, pour qu'on s'occupe d'elle et qu'elle cesse un moment de prendre les autres en charge. Elle répétait qu'à quarante ans elle était au milieu de son existence, qu'elle avait beaucoup de choses à accomplir, qu'il fallait qu'elle se hâte.

Elle n'envisageait pas d'abandonner son activité professionnelle, pour des raisons pécuniaires et parce qu'elle avait beaucoup travaillé et longtemps patienté pour parvenir au poste qu'elle occupait, et qui était une réponse à son ambition de toujours.

Ce qu'elle voulait, c'est ajouter aux deux temps de sa vie, le travail et la famille, un troisième temps, celui à consacrer à ses aspirations personnelles.

Après des dicussions avec son mari qui ne voulait peser en rien sur sa décision, et surtout après de dures négociations avec elle-même, elle décida de diminuer d'un quart son temps de travail.

Ce choix n'avait pas été aisé, son employeur avait été compréhensif mais ne lui avait pas caché que sa progression professionnelle risquait d'en être ralentie. C'était la règle du jeu, elle le savait, mais en agissant ainsi elle évitait de remettre en question une fonction pour laquelle elle avait de l'attrait et d'être amenée, à terme, à l'interrompre.

Puisque la décision était prise, elle décida avec sagesse qu'elle ne laisserait aucune miette de ce temps ainsi récupéré à d'autres tâches que celles qui l'intéressaient.

La réorganisation de son activité professionnelle fut plus aisée à réaliser que l'adaptation à son nouveau mode de vie. Au début, elle s'était sentie honteuse de ce temps volé à son travail et d'une certaine manière volé aussi à sa famille, mais d'autres tensions apparurent, cette fois dues à la culpabilité.

Son mari lui rappelait avec agacement la remarque du sarcastique G.B. Shaw :

« Dans la vie il y a deux tragédies. L'une est de ne pas réaliser ses désirs, l'autre est de les réaliser. »

Trouver un équilibre qui la satisfasse fut long, plusieurs mois, mais aujourd'hui sa culpabilité a changé de camp. Quand elle est mécontente d'elle-même, c'est de ne pas avoir utilisé ce temps à bon escient, c'est-à-dire pour elle.

On ne peut, à l'évidence, exclure que cette étape de sa vie ne soit que la première d'une série d'autres étapes menant à des décisions plus ambitieuses, à terme à une vraie rupture. Sans doute est-il trop tôt pour qu'elle le sache.

Peut-être est-elle encore trop impliquée dans les forces vives du présent.

Peut-être une rupture ne s'inscrit-elle pas dans le processus de sa vie, son évolution se faisant davantage par des adaptations successives.

Une rupture professionnelle

Fort différent est le parcours de cette autre femme qui, à cinquante-quatre ans, accomplit une rupture d'importance en mettant fin à son activité professionnelle. Rupture peu banale, à son âge et dans un contexte économique difficile.

Cela commença quand des modifications de certains de ses comportements lui apparurent comme autant de signaux qu'elle avait tout intérêt à oser regarder en face.

Ces signaux, elle les avait observés si souvent dans la pratique de sa fonction — elle était directrice des relations humaines dans une importante entreprise — qu'elle était armée pour les reconnaître pour elle-même : une certaine fatigue, un enthousiasme qui était si fort pourtant et qui s'estompe, une lucidité — ou un pessimisme — qui laisse de moins en moins de place à l'image gratifiante qu'on a de son rôle, et cette part d'idéalisme, nécessaire à toute action, qui s'effrite.

Elle osa s'avouer que sa vie professionnelle qui l'avait comblée et dont elle était si fière ne la rendait plus heureuse. Cet aveu fut le premier pas vers la rupture.

Beaucoup d'entreprises, dans les années 1980, avaient accompli une évolution remarquable dans leurs rapports avec leurs collaborateurs, leur permettant plus d'autonomie, une expression plus libre, l'accès à davantage d'informations, donc à une plus grande transparence de la vie de l'entreprise.

Cette nouvelle gestion des ressources humaines avait été une réalité gratifiante pour chacun dans l'entreprise où cette femme travaillait. Par la nature de sa fonction, elle y avait joué un rôle important. Ce furent des années exaltantes, de progrès, des années heureuses.

Mais la crise économique et sociale avait eu pour conséquences de mettre en attente ou de stopper des améliorations que chacun croyait acquises. Survivre et maintenir l'emploi était l'impératif majeur de l'entreprise.

Les grands projets auxquels cette femme avait travaillé avec bonheur et conviction furent mis en veilleuse, puis relégués au second plan. Une certaine liberté dans la gestion des relations humaines et une ouverture vers le monde extérieur, qui faisaient tout l'intérêt de sa fonction, s'étaient modifiées avec la récession. Les règles de la gestion s'étaient durcies.

Elle ne faisait plus le métier qu'elle avait aimé : s'attacher à découvrir la singularité de ceux qu'elle recevait — qu'ils fussent des collaborateurs de l'entreprise ou des candidats arrivant de l'extérieur — pour leur permettre un développement de carrière aussi satisfaisant pour eux que pour l'entreprise était devenu un luxe. La situation économique ne le permettait plus.

Des années seraient nécessaires avant que les circonstances ne permettent à nouveau à l'entreprise des améliorations aussi tangibles que celles qu'elle avait réalisées. Ce serait alors trop tard pour elle. La foi qui l'avait portée pendant ces temps de progrès s'était éteinte peu à peu.

Alors que le monde du travail est si sombre aujourd'hui, elle était gênée d'évoquer cette période si gratifiante, mais c'était ainsi. Une époque de la vie de l'entreprise se terminait et avec elle une époque de la vie professionnelle de cette femme.

La vie se fonde sur des énergies qui sont autant de ressorts, autant de raisons de vivre. Le ressort professionnel était très important pour elle. Le travail, elle l'avait vécu comme une affirmation de soi, comme un épanouissement de sa personnalité qui lui avait permis d'éviter un certain repli qui avait toujours été pour elle une tentation.

Ce ressort n'existait plus. Elle exerçait sa profession sans perspectives. Elle ne pensait plus en termes de projets, d'objectifs, de quelque chose à conquérir, mais se contentait de constats. Elle commença à s'ennuyer, et cet ennui la renvoya à son âge. Pour la première fois, elle en eut conscience alors que jusque-là elle n'y avait porté que peu d'attention.

Ce n'est pas exceptionnel, car la réflexion sur le temps entre largement en compte dans toute rupture. Étrangement, l'âge cristallise les raisons de rompre. Il est courant d'entendre dire : « À mon âge il fallait régler ce problème », ou : « C'était l'âge idéal pour prendre une décision. » Cela signifie simplement qu'on est arrivé à un degré de maturité qui rend apte à la rupture, et non que trente-deux ans ou soixante-dix-sept ans soit justement l'âge magique pour effectuer une rupture.

Elle eut peur, soudain, que les nouvelles circonstances de sa vie professionnelle la rendent moins entreprenante, moins curieuse, l'entraînent vers une certaine paresse intellectuelle, vers le repli. Elle se surprit à faire trop souvent référence au passé, à se laisser aller à des regrets, ceux des dix dernières années qui avaient été si stimulantes, à songer avec anxiété au temps qui lui serait encore accordé.

Ces pensées la tiraient en arrière, ralentissaient le rythme de son existence, l'entraînaient vers quelque chose de mortel qu'il fallait à tout prix rompre.

Elle finit par admettre qu'elle vivait une crise. Cette prise de conscience l'avait mobilisée et avait déjà impliqué la rupture. Il importait, en effet, de trouver une solution pour faire cesser cette crise, rompre avec le passé et ouvrir la voie à une vie différente.

Chaque jour davantage ce désir se justifiait, s'affirmait, s'épanouissait jusqu'à ce que l'idée de quitter l'entreprise lui apparaisse comme une évidence. Encore lui faudrait-il trouver une autre activité. Elle n'ignorait pas qu'en ces temps difficiles sa décision était un défi à la sagesse ; aussi, pendant le temps de ses recherches qui durèrent un an, elle n'en dit rien à ses proches.

Mais après beaucoup de démarches, de rencontres, de déceptions, d'espérances, les conditions du changement se mirent en place. Elle recommença à lire pour une maison d'édition des ouvrages anglo-saxons sur les relations humaines dont elle était une bonne spécialiste. Elle en traduisit un puis un autre et obtint une fonction à temps partiel chez un éditeur.

C'est sans peine ni regret qu'elle quitta l'entreprise. Elle fut choquée de sa propre indifférence. Sans doute en avait-elle fait précautionneusement le deuil pendant l'année de ses recherches, aidée par la perspective d'intérêts nouveaux.

Son imagination se revivifia. Elle retrouva le goût de l'effort et des enjeux, et l'immense plaisir de travailler.

Son existence s'était transformée. Elle eut moins d'argent, bénéficia de moins de considération, de moins de sécurité. Le moment venu, elle suivit son mari — qu'à temps très partiel — dans sa retraite de province et elle dut déménager dans un appartement plus modeste et dans un quartier différent. Elle changea complètement de milieu autant dans son travail que dans son nouveau quartier.

Elle travaillait avec des auteurs et des étudiants. Ils avaient deux traits en commun : le sentiment d'une certaine précarité et la certitude d'accomplir quelque chose d'essentiel. C'était exactement ce qu'elle ressentait : un bien-être fait de légèreté, de confiance, en même temps que d'une certaine insécurité quant à l'avenir qui est inséparable du sentiment de vraie liberté.

Toute rupture est extraordinaire, c'est pourquoi elle surprend. Son mari et ses enfants furent-ils vraiment surpris ? Leur compréhension semblait signifier qu'ils avaient su, avant elle, que tout cela arriverait un jour. Peut-être en étaient-ils aussi soulagés, car elle n'avait pas dû être très disponible ces derniers temps.

En revanche, la surprise de la plupart de ses proches fut grande et souvent réprobatrice. Le plus irritant fut la suspicion. On trouva d'autres raisons à ses actes que celles qui les avaient motivés, des raisons équivoques qui seules pouvaient convenir à une décision considérée comme équivoque.

Elle subissait les conséquences de toute vraie rupture : on l'accusait d'avoir trahi, cette accusation traduisant le décalage entre sa nouvelle orientation et l'image qu'on avait d'elle, celle d'une personne qui n'aurait certes pas été capable d'accomplir ce genre de choses. Et pourtant, elle l'avait fait.

Le comportement de ses anciennes relations de travail et de certains de leurs amis, à son mari et à elle, se modifia. Pour ceux dont elle avait partagé longtemps les valeurs — la stabilité de la vie sociale, la sécurité —, il était illogique et même illégitime de s'en être éloigné, la légitimité étant, en l'occurrence, de s'en tenir à l'ordre établi. Ces réactions, en confirmant la réalité de la rupture qu'elle avait accomplie, la satisfaisaient.

La réprobation quant à sa « clandestinité » fut plus forte encore. Quitter une profession pour une autre, aussi différente soit-elle, et un arrondissement pour un autre n'est pas un acte follement insolite, et pourtant, pour ceux qui étaient demeurés fidèles à trente années de repères géographiques et sociaux, elle s'excluait elle-même puisqu'elle s'était mise en marge d'un passé si patiemment construit, si familier.

Comme le pianiste de Sienne, elle avait changé de repères dans un sens qui n'était pas considéré généralement comme le bon, mais contrairement à lui, qui avait quitté les lieux de son passé pour parcourir le monde et n'en avait pas subi au jour le jour les conséquences, elle qui demeurait sur place pouvait évaluer sa marginalité.

La faille entre le passé et le futur qu'ouvre toute rupture est un formidable espace de réflexion, elle est un passage d'un état d'illusion à un état de lucidité. Cette transition est l'un des temps périlleux du processus de la rupture. On n'est plus dans le passé et pas encore dans l'avenir. C'est un étrange moment fait à la fois d'absence et de tension. On y découvre beaucoup de choses — parfois surprenantes — sur soi-même et autrui. La rupture a cela de bon qu'elle met fin, souvent sans précaution, à la confusion de la pensée, au flou de certaines situations, à sa propre indécision.

L'état des lieux de son existence qu'elle avait été conduite à faire fut l'un des bienfaits de la rupture. Elle mit les choses au net.

Elle découvrit ce qui avait été refoulé ou soigneusement tenu à distance. Elle se souvenait d'événements qui lui semblaient n'avoir jamais été vécus par elle, tant elle se reconnaissait peu dans les comportements qu'ils lui révélaient. L'un de ces comportements qu'elle récusait aujourd'hui manifestait une tendance — qu'elle avait à n'en pas douter toujours eue — à imaginer, projeter, idéaliser en lieu et place d'admettre la réalité des choses.

Au plan professionnel, elle découvrit que l'attachement passionné qu'elle croyait avoir pour son métier était une tromperie faite à elle-même. Plus que son métier, elle avait aimé l'énergie qu'il lui apportait, les initiatives qu'il lui permettait, les satisfactions qu'elle en retirait.

Elle l'avait quitté sans beaucoup de peine puisqu'il s'agissait de retrouver le plaisir de travailler, le plaisir de « faire », inséparable pour elle de celui de vivre.

Mais le plus inattendu fut l'apparition du passé et l'importance qu'il prit. Elle comprit que la rupture qu'elle avait accomplie avait pris racine dans des faits plus ou moins lointains qui lui avaient, en quelque sorte, servi de fondement.

Elle se demanda si, en étant tellement heureuse dans son nouveau métier qui alliait écriture et pédagogie, elle ne rattrapait pas un désir d'enseigner auquel elle avait renoncé après un très mauvais résultat à l'agrégation de lettres.

Cet échec aurait-il été plus important qu'elle l'avait cru ?

Peut-être faisait-elle partie des mutilés de l'agrégation. L'écrivain Michel Tournier affirme qu'il lui fallut beaucoup de temps pour s'en remettre et qu'il attendit dix-sept années après cet échec pour commencer à écrire.

Elle ne s'était pas mise à l'écriture mais était revenue vivre parmi les livres, dans le monde de la connaissance. Le passé était venu au secours de la rupture et lui avait, en quelque sorte, apporté une légitimité.

Elle me dit avec force et enthousiasme que le parcours qu'elle avait accompli, l'interruption d'un ordre depuis si longtemps établi, en élaguant ce qui n'était pas de première importance, lui avaient révélé des forces qu'elle avait toujours pressenties mais jamais utilisées.

Tout cela, loin de l'éloigner de son identité la plus profonde, l'en rapprochait en lui donnant un degré d'autonomie très supérieur à celui qu'elle avait connu jusque-là. La rupture n'avait pas été éloignement mais aboutissement.

Elle insista sur le prix à payer pour accomplir une rupture. Toute rupture est une agression contre soi-même, contre ses habitudes, contre sa sécurité, et, quelle que soit la foi en celle qu'on accomplit et la jouissance qu'elle peut procurer, cette fracture retentit en soi sous des formes diverses.

Il n'est pas rare que le corps résiste. Le sien, qui détestait les changements, s'était vengé de ceux qu'on lui imposait par une grande variété de manifestations, l'une d'elles étant des rougeurs eczémateuses bien visibles sur le visage comme pour donner une marque à la rupture.

Tous ceux que j'ai interrogés sur leurs ruptures disent que l'onde de choc sur le corps n'a pas toujours eu lieu tout de suite, mais aucun n'y a échappé.

Un médecin français, qui vit en Malaisie après une rupture aux circonstances douloureuses, m'a raconté que pendant des semaines, chaque matin lorsqu'il se réveillait, se croyant encore en France et prenant soudain conscience du nouveau lieu où il se trouvait et de ce que cela signifiait, il avait un malaise — le sentiment d'être violemment jeté à terre — et vivait ainsi physiquement la rupture qu'il avait accomplie.

La sensation d'être ainsi jeté à terre m'a souvent été décrite par des femmes et des hommes après une rupture amoureuse.

Une jeune femme m'a affirmé que, au moment d'annoncer à son père qu'elle ne souhaitait plus le revoir

— cette décision ayant pourtant été longuement mûrie et la scène imaginée maintes fois —, elle avait été saisie d'un vertige qui l'avait obligée à s'appuyer au mur pour ne pas perdre l'équilibre.

Si ceux qui rompent sont saisis de telles manifestations violentes, qu'en est-il des « rompus » ?

Elle, qui trouvait si excessive — même dans le contexte de l'époque — la description des souffrances physiques d'Ellénore abandonnée par Adolphe ou d'Emma Bovary par Rodolphe, ne manifestait plus d'ironie à leur endroit mais une sincère compassion.

Instruite par les témoignages de ceux qui ont vécu les souffrances physiques et morales des ruptures, j'ai appris que ce sont les stables, les organisés, les sédentaires qui, lorsqu'ils le décident, rompent le plus radicalement.

Redoutant le changement, s'ils remettent le cours de leur vie en question, ils le font une fois pour toutes, en profondeur, avec obstination, souvent avec violence.

À l'inverse, les instables, les êtres volatils qui sont en mouvement perpétuel, qui saisissent les courants de la vie et s'y adaptent aisément ont moins besoin de rupture ardente. Ils se renouvellent avec légèreté.

CHAPITRE III

Les étapes de la rupture

Nous rompons pour faire cesser une situation vécue comme un assujettissement à quelqu'un ou à quelque chose.

La rupture est un acte de liberté. Elle est l'une des voies pour parvenir à l'autonomie.

Son développement est lent, car acquérir un degré de maturité suffisant pour passer à l'acte requiert du temps. S'il est vrai que de violentes ruptures ou tentatives de rupture ont lieu pendant l'adolescence, les plus profondes d'entre elles se font souvent assez tardivement dans une vie, et leur profondeur est fonction de la somme des renoncements auxquels elles contraignent.

Toute rupture a des racines lointaines, souvent dans l'enfance. Première et essentielle rupture, celle avec la mère. Elle sera suivie de beaucoup d'autres.

Avec le père — crise œdipienne de la petite enfance —, avec la cellule familiale à la fin de l'adolescence et, pour des raisons nombreuses, diverses et propres à chacun, à l'âge adulte : avec un homme ou une femme, une idéologie, un métier, un pays.

On peut répondre à la question pourquoi décide-t-on de rompre *à un moment donné* ? : parce qu'à ce moment-là, parmi les possibilités d'échapper à des tensions difficiles à supporter, la rupture apparaît comme la meilleure ou la moins mauvaise solution, mais c'est bien plus tard, quand les choses se sont décantées, qu'on découvre la signification de la rupture et qu'apparaît la vraie raison d'avoir rompu.

En effet, une rupture s'élabore longuement en passant par des voies inattendues, une rupture en appelant une autre ou en masquant une autre. Il y a des carambolages dans les ruptures, des arrêts et des reprises. C'est pourquoi la question « pourquoi rompt-on ? » n'est jamais tout à fait définitive.

Ceux qui ont accompli des ruptures en connaissent les étapes qu'ils reconstituent longtemps après, lorsque les dernières ondes de choc sont apaisées. Avenir, présent, passé se catapultent dans une sorte de jeu inconscient avec le temps.

Cela commence par une insatisfaction qui peut se transformer en mal d'être, dont parfois on connaît les raisons mais que souvent on ne définit pas clairement. On sait seulement qu'une solution doit être trouvée pour le faire cesser.

Parmi ces solutions surgit un jour l'idée de la rupture, effrayante voire scandaleuse ou déjà apaisante. Au début furtive, elle apparaît de plus en plus fréquemment, s'apprivoise et cesse d'être un fantasme pour devenir désir. Alors s'amorce la dynamique d'une rupture à accomplir, d'un futur à conquérir.

Mais il s'agit d'abord de régler ses comptes avec le présent. On ne rompt pas tant qu'on appartient à un présent qui nous occupe entièrement. Il faut, coûte que coûte, s'en désenliser. En ayant pris quelque distance avec lui, moins tyrannisé par ses contraintes immédiates, il est plus aisé de l'évaluer et d'y puiser les raisons de rompre.

Enfin, souvent en cours de rupture, le souvenir d'événements plus ou moins anciens vient à son secours et la fait apparaître comme secrètement prévue de longue date, déterminée, inéluctable. Il la justifie, la confirme et, en quelque sorte, lui donne un fondement historique.

Le travail de la rupture que je vais décrire a duré presque trois années avant d'aboutir et n'a certes pas fait l'objet d'un processus maîtrisé.

C'est seulement deux ans après son aboutissement que celui qui l'a accomplie a été capable d'en comprendre la logique. Il dit aujourd'hui que tout s'est passé comme si un fil conducteur — extérieur à lui-même, en tout cas à sa raison — avait guidé le processus de la rupture du début à la fin, que la part de l'inconscient, de l'instinct fut considérable.

Conversations avec Dan. La crise des quarante ans

En passant devant l'immeuble d'un grand quotidien, le chauffeur de taxi m'avait raconté que quatre mois avant il y travaillait encore, qu'il était une signature dans son domaine de compétence et qu'il avait tout quitté.

Il n'avait pas dénigré, aussi peu que ce fût, son ancien métier. Au contraire, il en avait énuméré les avantages et souligné les satisfactions qu'il en avaient retirés. Les faits qu'il m'avait cités et, surtout, son absence d'amertume m'avaient convaincue qu'il disait la vérité.

— Je suis parti parce que j'étouffais. Je ne supportais plus l'ambiance de la salle de rédaction qui avait si longtemps été le centre de ma vie.

Je n'osais pas le questionner, mais il m'encouragea à le faire.

— Vous comprenez ça ?

— Je comprends très bien. C'est peut-être une chance, cette rupture.

— Une rupture ? dit le chauffeur. Plutôt un changement. J'ai quitté un mode de vie que je ne supportais plus. Aussi incroyable que cela puisse paraître, lorsque je me suis rendu au journal ce matin-là je n'avais pas prévu que le soir même je donnerais ma démission. Cela s'est fait, si j'ose dire, naturellement à la suite d'un différend tout à fait bénin avec mon rédacteur en chef.

— Vous y aviez sûrement pensé avant.

— Certainement, j'y pensais beaucoup, mon intention n'étant pas de finir journaliste. J'ai quarante-trois ans. Je me donnais jusqu'à cinquante ans, mais je n'ai pu attendre jusque-là pour changer. « Faire taxi » est évidemment provisoire, mais ne croyez pas que je me sente mal. C'est une attente active et qui laisse l'esprit libre.

Il avait parlé de changement. Il rejoignait en cela ceux qui m'avaient raconté, comme lui, des épisodes qui, pourtant, avaient été des craquements importants dans leur vie. Aucun n'avait prononcé volontiers le mot rupture. Ce mot-là était dit longtemps après, lorsque la transformation était parvenue à son terme, que les blessures avaient cessé d'être sensibles, qu'une certaine fierté d'avoir osé apparaissait enfin.

— Voici mon numéro de téléphone, dit le chauffeur. C'est le même dans le taxi et chez moi. Vous demandez Dan. Si vous vous trouvez en panne quelque part dans Paris, appelez-moi.

Quelques semaines après notre rencontre, j'ai appelé Dan. Il a repris la conversation là où nous l'avions laissée, avec la liberté qu'on manifeste aux étrangers qui vous font confiance. Il paraissait plus tracassé que lors de notre précédente conversation.

— Le changement que j'ai effectué, dit-il, je le vivais mieux la dernière fois que nous nous sommes vus. Aujourd'hui, ce n'est plus moi le maître. Le métier que j'ai quitté se défait de moi plus vite que ne je l'aurais souhaité, et il m'arrive de redouter le moment où il va se détacher complètement. Je n'avais pas prévu ce processus d'abandon qui se fait en dehors de ma volonté.

— Quelqu'un qui est allé au bout de bien des ruptures dit qu'elles peuvent se produire par de grandes poussées soudaines qui semblent venir du dehors, mais aussi par des chocs venant du dedans, dont on prend conscience longtemps après.

— Je ne me souviens pas d'événements forts, dit Dan, qui aient pu hâter ma décision, c'est plus insidieux. Quelque chose a évolué en moi, en dehors de ma volonté, qui m'a mené à une lassitude, un désenchantement, presque à un écœurement parfois lorsque je devais me mettre à mon bureau pour rédiger un article.

« J'ai fini par penser que j'étais fatigué, alors j'ai pris quelques semaines de vacances, mais c'était pire au retour. Me mettre à mon bureau me demandait une énergie sans commune mesure avec la difficulté du travail que j'avais à accomplir.

Je voyais irrégulièrement Dan, mais nos conversations — au gré des encombrements de Paris — étaient suffisamment longues pour être intéressantes et assez brèves pour que nous allions à l'essentiel de ce que nous avions à nous dire à ce moment-là.

Je n'étais pas la seule à avoir cette relation avec lui. Il me confia qu'il menait avec quelques autres clients des discussions suivies. Il disait qu'il continuait d'une certaine façon à « faire le journaliste ».

Le charme de ces échanges venait de leur imprévisibilité. Même si je ne prenais pas le taxi de Dan pendant un mois, la conversation reprenait exactement où nous l'avions interrompue.

— Les choses se compliquent, me dit Dan que je n'avais pas vu pendant plusieurs semaines. Je reporte sur ma femme — elle-même journaliste — des déceptions et même des ressentiments que j'avais parfois dans mes rapports avec certains confrères. Je cristallise sur sa personne l'agacement que me donnait ce métier les derniers temps. Une sorte d'identification particulièrement injuste. Il me faut relativiser les choses. Tout cela n'est pas un drame, au fond j'avais besoin de prendre le large. C'est une banale histoire de liberté.

Je ne croyais pas que l'histoire de Dan fût une histoire de liberté dans le sens où il l'entendait : ne plus être dépendant de contraintes horaires, de délais pour remettre ses textes ou des thèmes d'articles qu'il se voyait parfois imposés. Ces contraintes, il les avait dominées depuis longtemps par son expérience, son indépendance au sein de son journal, sa réputation.

Ce qui se dévoilait à Dan était, semblait-il, plus profond. Son métier ne lui apportait plus assez d'énergie et ne lui offrait plus assez de gratifications pour demeurer le projet de vie qu'il avait toujours été pour lui. Il disait :

— Mon métier ne me fait plus rêver, mon avenir professionnel m'apparaît limité, borné. Était-ce une raison pour le quitter ainsi ? Je n'ai guère fait preuve d'imagination, je n'ai trouvé d'autre solution que le fuir. Mais après ?

Dan était de plus en plus anxieux, et j'étais de plus en plus intéressée.

Nous avons passé un contrat : chaque fois que je pourrais prévoir une course, pour un aéroport par exemple, je réserverais suffisamment tôt le taxi de Dan. Ce que j'ai fait. Je le voyais plus souvent et avec plaisir. Il était intelligent, rencontrait quantité de gens avec lesquels il se livrait à de véritables interviews dont il me faisait partager les singularités, mais, surtout, il me faisait vivre sa curieuse histoire.

Toutes les ruptures sont extraordinaires. Comment en serait-il autrement ? Elles mettent fin à des illusions, elles font passer — d'une manière parfois brutale — d'un état à un autre, mettent en jeu l'avenir, le présent, le passé.

Ma voiture étant en panne, il est venu me chercher un soir à la sortie d'un colloque du côté de Port-Royal-des-Champs, pour me ramener à Paris.

Il me dit qu'il voyait bien que son aventure professionnelle m'intéressait, me passionnait même malgré les précautions que je prenais pour n'être pas indiscrète et que cela l'intriguait ; qu'il n'en était nullement contrarié, car m'en parler lui était vraiment utile.

— Mais donnant, donnant, ajouta-t-il, nous avons davantage de temps cette fois-ci, c'est le moment de me dire pourquoi vous êtes si concernée par les ruptures ? Vous-même, y avez-vous été confrontée ?

J'ai répondu à Dan que, bien entendu, j'avais effectué des ruptures dans ma vie — à des degrés différents de réussite —, mais que l'attention que j'y prêtais aujourd'hui était née d'un événement — un choc, plutôt — dont je ne pouvais m'expliquer complètement la portée puisque je n'en étais ni le sujet ni l'objet.

C'était le 23 juillet 1993 à Milan.

Il faisait chaud et la voiture qui m'emmenait à une réunion de travail traversait — à toute vitesse comme toujours — des pans de ville sombres et d'autres éclatants de soleil.

— Des places ocre avec des ombres bizarres comme dans les tableaux de Chirico, dit Dan. Je connais bien Milan.

Depuis l'aéroport, le chauffeur n'avait rien dit, ce qui n'était pas dans ses habitudes, et puis brusquement :

— *E morto.*

— Qui est mort ?

— Raoul Gardini. Il s'est tiré une balle dans la tête. Il n'a pas voulu être enfermé, *nonvola essere rinchioso. In galera non c'é voluto andare.* Il a refusé d'aller en prison comme certains autres chefs d'entreprise.

— Comment le savez-vous ?

— Tout à l'heure, on a prévenu le président. La réunion est retardée. De toute façon, tout Milan le sait maintenant.

Il ajouta avec emphase et, me sembla-t-il, une certaine fierté :

— Le monde entier le sait. *Lo sanno tutti.* Cela s'est passé hier soir, cette nuit ou ce matin. C'est tout près d'ici.

Que ce fût « tout près d'ici » ajoutait à l'horreur de la mort et à sa fascination.

Raoul Gardini, je ne le connaissais pas personnellement, mais ce que je savais de lui en avait fait à mes yeux le symbole de quelque chose à quoi je tenais : l'énergie d'entreprendre, encore et toujours, quels qu'en soient les risques et les échecs, et d'entreprendre partout où la vie l'appelait : non seulement les affaires, mais la navigation, l'art.

Cette cristallisation aurait pu se faire sur n'importe qui d'autre faisant preuve de ces qualités. Elle s'était faite sur lui.

Dans la voiture qui arrivait à destination — si près de l'endroit où s'était tué cet homme —, deux images s'imposaient à moi.

Celle parue dans les journaux : Gardini, à la barre de son *Moro di Venezia*, courant la demi-finale de l'America's

Cup, dans la baie de San Diego ; l'autre, lors d'un séminaire à la Sorbonne : la Cité de la réussite.

Il était arrivé du fond de l'estrade et c'était insolite de le voir là, lui un chef d'entreprise, un capitaine d'industrie comme on dit en Italie. Au moment où il avait pénétré sur scène, il s'était passé quelque chose de fort et d'inattendu : après quelques secondes de silence et de surprise, les cinq cents étudiants européens s'étaient levés et l'avaient acclamé.

Nous étions debout, applaudissant cet homme, et nous ne savions pas pourquoi, sauf que quelque chose nous donnait du plaisir à le faire.

Il n'y avait aucune raison à cette manifestation, sinon l'extraordinaire présence de l'Italien qui, en ce cénacle, apportait quelque chose venu d'ailleurs, quelque chose d'extraordinairement vivant et secret. Une autre vie. C'est ce que me cria dans l'oreille, en applaudissant à tout rompre, l'étudiant espagnol assis à mes côtés : « C'est une autre vie. »

Un coup de revolver dans la tête avait rompu cette vie. La brutale modalité de cette mort était à la hauteur de la force de vie que dégageait Gardini. C'est ce qui me troublait, me fascinait, me désespérait : l'opposition de ces deux forces, les forces de vie et les forces de mort, et soudain, en ce mois de juillet radieux à Milan, la mort de cet inconnu me parut inacceptable.

En vérité, mon émotion de ce matin-là ne m'avait pas quittée. Elle avait fait son chemin en moi et s'était transformée en un profond intérêt pour les ruptures, celles qui mènent à la vie — et non à la mort — comme pour colmater cette mort-là.

Je dis à Dan qu'en effet être concernée à ce point par les ruptures a son explication dans ma propre histoire.

— J'en parle autour de moi, mais parler de la rupture suscite toujours des réactions intenses. J'ai peu de réponses. Et pourtant, qui n'a pas rompu ? Qui n'a pas été quitté ? Peu d'entre nous. Mais il est difficile d'en parler, car il y a une part de mystère dans toute rupture.

« Sait-on de quels lointains de nous-même elle arrive pour perturber ou bouleverser notre vie ?

— C'est ce que je voudrais savoir, dit Dan.

On le sait longtemps après, quand la rupture est accomplie. On la regarde alors avec étonnement, avec une certaine incrédulité non dépourvue de fierté. Ceux qui ont brisé le cours des choses de leur vie pour tenter de la renouveler disent tous cela.

Au moment où j'ai quitté Dan pour partir un long moment hors de France, son rédacteur en chef venait de lui proposer de revenir au journal. Dan me dit que cette proposition lui avait fait mesurer la force et l'ampleur de la crise qu'il vivait. Il n'avait ni le désir ni la capacité de reprendre son travail. Quelque chose d'irréversible s'était passé.

En rentrant, j'avais trouvé un message : « Je suis parti en Afrique pour quelques mois. Ne croyez pas que ce soit une manière de gagner du temps, c'est une façon de venir à bout d'un présent que je vis mal et de tenter de m'imaginer un avenir, ce dont je suis incapable aujourd'hui. »

II avait écrit en majuscules le mot « incapable » et cela donnait à son message quelque chose d'enfantin, de perdu.

Quand je l'ai revu, deux années avaient passé. Il n'était ni journaliste, ni chauffeur de taxi. Il était à la tête d'une association caritative assez politisée.

Il me raconta qu'au moment de son départ en Afrique sa femme l'avait quitté et qu'il allait très mal.

Le sentiment de vivre intensément qui l'avait toujours rendu heureux avait disparu. Depuis longtemps, il n'avait pas ressenti de véritable intérêt ni pour une idée, ni pour un homme. Il se demandait avec angoisse quels projets, quelles passions, quels espoirs allaient le faire rebondir vers la vie. Il avait le sentiment de vivre une crise grave dont il me dit qu'elle n'était pas de l'ordre de la dépression mais du désespoir.

— J'avais quarante-trois ans et j'étais fatigué. Je me rappelais l'adolescent que j'avais été en mai 1968 avec ses rêves flous, son mal d'être.

La comparaison de Dan était pertinente, la crise de la quarantaine étant, semble-t-il, comme celle de l'adolescence, l'une des périodes critiques de l'existence.

À quarante ans, l'homme arrive au milieu de sa vie, l'enfance, la jeunesse sont passées, la première partie de l'âge adulte est terminée. Les enfants deviennent eux-mêmes des hommes, les parents entrent dans la vieillesse ou ont déjà disparu. C'est un moment de profonde transition. Tout change, et il importe de trouver un second souffle pour assurer la deuxième partie de sa vie et même la troisième.

Dan avait perdu son père peu de temps après son départ en Afrique, dernier barrage entre lui et la mort, disait-il. La réalité de sa propre mort s'imposait à lui, comme toujours quand nos parents disparaissent.

— Heureusement, me dit-il, mon père a eu le temps de me voir faire le taxi. J'en ai été content non de son inquiétude et de sa déception, mais de son interrogation, de ses doutes, du nouveau regard qu'il portait sur moi. Quelque chose avait changé. J'échappais à ses certitudes, à l'idée tranquille qu'il avait de moi. Je devenais imprévisible, ce qui me donnait — à plus de quarante ans ! — un très agréable sentiment de liberté.

« Mon père condamnait ce qu'il appelait avec une ironie méprisante ma révolte tardive.

« J'avais une plus haute idée de la révolte, et je n'aurais jamais eu l'outrecuidance de me qualifier de révolté. Et pourtant si se révolter c'est dire non, c'est s'opposer à des obstacles qui nous empêchent de préserver quelque chose d'essentiel en soi, mon père avait raison, il s'agissait bien de cela.

« Les défis, les paris, j'avais cru que j'en avais dépassé l'âge. Au contraire, j'arrivais au bel âge de la révolte quand, cessant d'être un rêve, elle peut être suivie d'effet, d'actions utiles.

« L'acte que j'avais commis en devenant chauffeur de taxi, je le confirmais en décidant de partir pour une mission humanitaire. C'était du même ordre, en plus grave.

Il avait travaillé pour des organisations non gouvernementales, dans des pays en grande difficulté. Il avait rencontré en même temps le mal et la sainteté. Il me parla avec émotion de la sublime fraternité de ce prêtre allemand, médecin au Burundi, travaillant sans relâche pour soigner quiconque avait besoin de lui, et de ces femmes qui, dans leurs associations, expliquaient à d'autres femmes à l'aide de phallus de bois, dans la gentillesse et la gaieté, comment s'y prendre avec un préservatif, dans un pays où le sida fait des ravages. Ce qu'il avait vu dans les hôpitaux l'avait assommé d'horreur et de compassion. De colère aussi, et il me disait que cette colère l'avait sauvé.

Une nuit, dans un avion, il avait écouté le désespoir d'un jésuite belge qui, quelques jours avant au Rwanda, avait vu égorger les vingt-six Rwandais de sa mission.

Sa propre mort qui le tracassait tant était passée au second plan. Il l'avait non pas acceptée mais s'était approché — aussi près qu'il le pouvait — de son inéluctable réalité. Il mesura alors que son temps de vivre était circonscrit et décida de se concentrer sur ce temps, de le remplir non pas de ses rêves, de ses incertitudes ou de ses doutes, mais d'actes qu'il considérerait comme essentiels.

Il avait alors retrouvé l'espoir, l'intérêt passionné de la vie, plus que cela, « l'urgence de vivre » qui fut pour lui la version la plus vibrante, la plus exaltante du sentiment de vivre.

Il avait défini son projet en réfléchissant à une phrase de *L'Homme révolté* d'Albert Camus : « Qu'est-ce qu'un homme révolté ? Un homme qui dit non. Mais s'il refuse, il ne renonce pas : c'est aussi un homme qui dit oui, dès son premier mouvement. »

Il s'était occupé des hommes qui, dans leur malheur, leur misère, leur désespoir, leur révolte, avaient malgré tout dit oui et avaient sauvegardé en eux quelque chose qui était du côté de la vie.

Aujourd'hui, il entame une carrière politique avec une réserve de courage, de lucidité, d'aptitude à l'action que lui a donnée une rupture longuement accomplie. Elle l'a débarrassé de comportements répétitifs, de jugements usés, de la paresse à réfléchir, de la non-capacité à prendre une distance avec des repères dépassés.

Surtout, il s'est délesté de lourds bagages de l'enfance — la peur avant tout — et de ceux dont il s'était aussi chargé lui-même à l'âge adulte : une ambition mal gérée, des culpabilités inutiles, des ressentiments immatures, maux générateurs d'angoisse qui à terme étouffent la créativité, la joie de vivre.

Nous nous voyons peu mais, quand cela arrive et qu'il me parle de sa vie, de ses réalisations, de ses projets, je crois n'avoir jamais été aussi près de la connaissance de quelqu'un.

Je reconnais dans le parcours qu'il fait un autre parcours qui en est la source, celui qui l'a mené à la rupture avec son passé.

Ce fut, je peux en témoigner, un trajet ardu qu'il a longtemps accompli aveuglément.

Selon Dan, le moment le plus dur fut précisément le temps de l'aveuglement, quand les raisons du conflit entre ce qu'il voulait faire et ce qu'il n'avait pas la force d'entreprendre ne s'étaient pas encore démasquées, et que ce conflit souterrain se manifestait par des angoisses, des culpabilités.

Il me dit aujourd'hui que ces années de doutes, de remises en question successives, de brisures de toutes sortes commencent seulement à s'inscrire dans l'histoire de sa vie non comme une fracture, mais comme une continuité. Qu'il est le même homme aux forces décuplées.

Peu de temps après avoir revu Dan, un livre attira mon attention, dont l'un des chapitres, écrit par Eliott Jaques[1], était intitulé : « La Crise du milieu de la vie ».

« Peu connue bien que bien réelle, survient une crise vers trente-cinq/quarante ans que j'appellerai crise du milieu de la vie, période de transition qui se déroule sur plusieurs années. » Ainsi s'exprimait ce psychanalyste.

Cette période se manifeste par des remises en question, parfois par des difficultés psychologiques dues à la peur de vieillir et de mourir, la crainte d'une baisse de l'affectivité, de la créativité, de la sexualité.

En examinant la vie de trois cent dix grands peintres, compositeurs, écrivains, il constata qu'ils furent victimes de ruptures souvent fatales au milieu de leur vie, soit que leur créativité s'épuise ou que la mort advienne.

Il décela un taux de mortalité brusquement accru entre trente-cinq et trente-neuf ans, qui était supérieur à la mortalité normale de l'époque. Ce groupe comprend

1. In *Crise, rupture et dépassement*, éd. Dunod.

Mozart, Raphaël, Chopin, Rimbaud, Purcell, Baudelaire, Watteau… La puissance de leur énergie créatrice les avait-elle épuisés ? Leur génie n'avait-il besoin que de cette courte vie pour réaliser une œuvre exceptionnelle ? Ruptures pour mourir, mais aussi ruptures pour vivre.

En effet, pour d'autres créateurs, fort heureusement, il observa des ruptures moins fatales mais un changement dans la nature de leur créativité. Bach à trente-huit ans commença ses plus importantes compositions. Goya créa ses principales œuvres entre trente-cinq et trente-huit ans.

Si l'on en revient aux hommes « ordinaires », la crise des quarante ans peut tout aussi bien — selon la nature de chacun, selon son histoire — se manifester par de sévères fractures de vie que par de calmes adaptations.

Dans l'article, le psychanalyste n'abordait pas la crise du milieu de la vie chez les femmes, sauf à noter que cette évolution est souvent masquée par les changements liés à la venue de la ménopause.

Il est un bel exemple de rupture d'une femme : à quarante-deux ans, Alexandra David Neel, qui était cantatrice, rompit radicalement avec son passé et entama une longue vie d'aventure.

Les femmes qui ont une activité professionnelle comparable à celles des hommes ont-elles, à certains moments de leur vie, pour d'autres raisons qu'eux, plus ou moins de tentations de mettre en question leur avenir professionnel ? Les difficultés plus grandes qu'elles ont rencontrées pour parvenir là où elles le voulaient les retiennent-elles ? Peut-être font-elles leur révolution plus tard ? Je ne sais pas.

Qu'en est-il des femmes n'ayant jamais eu d'activité professionnelle qui, à la quarantaine, ont fini d'élever leurs enfants et réalisent qu'il leur reste quarante ans à vivre ?

Pour certaines d'entre elles qui attendaient ce moment pour entreprendre enfin ce qu'elles avaient toujours souhaité, et qui constatent que leur désir n'est pas émoussé, c'est une explosion d'énergie vers un nouveau projet de vie.

Pour celles qui n'ont d'autre perspective que la continuité d'une existence dont ont, en partie, disparu les responsabilités, les soucis, les gratifications propres à l'éducation d'enfants, ces quarante années apparaissent-elles parfois comme un vide qu'il faudra combler. Comment ? Grâce à quelles adaptations ? Grâce à quelles ruptures ?

Aux États-Unis, des *carreer women* rentrent à la maison. Des statistiques fiables nous diront bientôt si ce retour au foyer se fait, significativement, à la quarantaine et quelles en sont les raisons.

Deuxième partie

POURQUOI ROMPT-ON ?

CHAPITRE IV

Les raisons de rompre

Rompre, c'est résister. Nous rompons pour mettre fin à une situation que nous ne supportons plus, la rupture est toujours un moyen de supprimer une entrave. C'est dire l'étroit rapport entre rupture et dépendance.

Les formes de la dépendance sont innombrables. De la dépendance naturelle à une famille, aux dépendances ingénieuses que nous nous créons nous-même et qui naissent du désir de communion avec autrui.

Quand on prononce le mot rupture, on pense généralement à la rupture affective et singulièrement à la rupture amoureuse. Il est vrai qu'en ce domaine les ruptures sont particulièrement spectaculaires, à la hauteur des dépendances qu'elles brisent.

Certains d'entre nous s'accommodent d'une dépendance réciproque et raisonnable avec leur partenaire, d'autres ne peuvent vivre leur rapport à autrui que dans un extraordinaire assujettissement, une véritable subordination.

La littérature et la vie foisonnent de ces relations fusionnelles, contes de fées dont il n'est pas rare qu'ils finissent en drames. C'est en observant ces relations fusionnelles, qui peuvent être amoureuses, maternelles, fraternelles, amicales, que nous prenons conscience que certaines ruptures sont à effectuer d'abord avec nous-même et qu'il est utile de réfléchir à notre tendance non pas à la fusion — comportement extrême —, mais à la confusion, trait ordinaire dans les relations affectives auquel les femmes semblent plus exposées.

Faire l'amalgame entre nos sentiments et ceux des autres, nos sensations et celles des autres, nos émotions et celles des autres est le plus sûr chemin vers la dépendance.

On offre beaucoup, on demande beaucoup. On offre trop, on demande trop. Il y a en chacun de nous un rêve fusionnel, trace — au tréfonds de notre inconscient — de la symbiose ombilicale, et notre confusion naît de notre désir de partage et de compréhension, de notre isolement.

« Nous nous lançons des appels, encore et toujours, par-dessus les gouffres insondables qui nous séparent. »

Pourtant, il faut admettre que nos émotions sont « nos » émotions, qu'il n'est pas possible de les confondre avec celles des autres, sauf peut-être pendant quelques rares, brèves et ineffables minutes dans l'amour.

Que nous sommes inéluctablement séparé des autres — c'est là notre solitude et notre liberté —, que nous sommes distinct, à jamais distinct de quiconque, homme, femme, parent, enfant. Sachant cela, pour tenter d'éviter des dépendances qui mènent à des ruptures douloureuses, mieux vaut — autant que faire se peut — mobiliser sa capacité de réflexion et sa force de caractère pour faire la part des choses entre eux et nous, pour tracer les frontières qui nous limitent et nous définissent.

C'est un exercice difficile. Si on ne le réussit pas complètement, il est parfois nécessaire de recourir à des ruptures, subtiles ou brutales selon la nature et le degré de la dépendance.

Ces ruptures sont parfois effectuées par ceux mêmes qui souffrent de la confusion de leurs sentiments, de leur dépendance et qui décident, coûte que coûte, d'y mettre fin ; c'est le cas des deux premiers témoignages : *Une extrême histoire d'amour* et *C'est moi qui respire*.

Il est des êtres qui ont eu la chance de se construire indépendants, qui ne confondent pas leurs désirs avec ceux des autres, qui ne craignent pas la liberté à laquelle ils aspirent mais en font le plus bel usage.

Cette influence peut être celle d'une culture, d'une famille ; c'est le sens du troisième témoignage : *Une rupture pour vivre*.

La dernière histoire de ce chapitre : *Révolte*, aurait pu aussi se nommer « une rupture pour vivre », mais plus que la rupture c'est la révolte qui y a mené — véritable thérapie pour celle qui l'a accomplie — qui fait la singularité de ce témoignage.

Plus qu'avec une vie, ce témoignage a à voir avec **la** vie. C'est pourquoi celle qui me l'a confié a insisté sur le fait qu'il ne peut servir de modèle à quiconque, car il n'a de sens que dans sa propre histoire.

La confusion des sentiments : une extrême histoire d'amour

« Il convient de faire la différence entre les ruptures dues à l'usure de l'amour par le temps et les avatars de la vie, et la rupture déjà présente dans un amour qui naît, conséquence de profondes incompatibilités ou de l'incapacité des partenaires à en assurer la survie. Ainsi, dans mon histoire, l'amour et la rupture ont commencé leur chemin ensemble. »

Celle qui me parlait ainsi, je la connaissais bien, mais je ne crois pas qu'elle se serait confiée à moi si, par un hasard de la vie professionnelle, nous ne nous étions pas trouvées ensemble dans l'intimité d'un vol de nuit.

Certains passagers regardaient le film, d'autres lisaient, beaucoup dormaient et nous parlions doucement, lentement, car nous avions tout le temps.

Je lui dis que j'écrivais un texte sur les ruptures. J'avais depuis longtemps compris qu'on ne pose pas de questions sur ce sujet et j'avais attendu.

Nous avons parlé un peu, somnolé, puis elle a répété :

— Pour moi, l'amour et la rupture ont commencé leur chemin ensemble.

Je l'écoutais avec étonnement.

— Je vous parle, dit-elle, d'un homme et d'une femme — moi — qui ne pouvaient pas vivre l'amour qu'ils se portaient, car leurs points de discorde étaient inextricablement enchevêtrés à leurs points d'harmonie, et également puissants.

Elle poursuivit d'un ton absolument banal :

— Nous étions un même bloc de pierre et le grand big bang nous a séparés.

Et elle ajouta en riant :

— Les deux bouts de rocher ont du être écornés pendant le voyage cataclysmique et nous n'avons pas eu la force, la sagesse de les recoller. Peut-être au prochain big bang retrouverons-nous notre unité originelle.

Passant non sans humour des origines de l'univers à l'origine de leur rencontre, elle dit, comme si la précision des dates crédibilisait son histoire :

— C'était en novembre 1985. Ce médecin avait écrit des textes qu'on m'avait demandé d'illustrer. Je suis allée le voir à son hôpital. Sa secrétaire m'avait dit : « Le professeur vous recevra un quart d'heure. » Je suis restée deux heures avec lui.

« Je savais qui il était. Quinze ans avant, je l'avais entendu lors d'une émission à la radio parler à la fois avec originalité et de manière sensée de la médecine, et je ne l'avais jamais oublié.

« Quel nom donner, ce matin-là, à cette simplicité à se parler, à cette tranquillité à s'écouter, à cette familiarité, cette amitié, cette absence de méfiance, ce respect et ce plaisir à entendre l'autre en espérant qu'il ne se taira pas.

« Mais les démons nés de nos frustrations et de nos épouvantes intérieures étaient déjà présents à cette rencontre qui semblait pourtant offrir tant de chances à l'amour.

« Notre histoire fut une alternance d'attirance et de rejet. Sans doute était-ce un amour profondément mortifère. Les deux n'ont jamais cessé de cohabiter : l'amour et son contraire.

— Je ne comprends pas.

— Moi non plus je ne comprenais pas. Maintenant, dix ans après, je connais des parts de vérité qui ne permettent pas pour autant de tout comprendre mais qui m'éclairent un peu. N'imaginez pas que ce que je vous raconte là je le savais alors. Je ne l'ai compris que des années après, il n'y a pas si longtemps.

« Il y a d'abord eu l'idéalisation. On ne peut faire de plus grand tort à une femme que de l'idéaliser. Cet homme a cru que je pouvais lui apporter ce que j'aurais moi aussi tant voulu lui donner, mais dont peu de femmes peuvent tenir le pari : une attention constante, une compréhension parfaite.

« Il disait en parlant des femmes : « Comment ne pas rêver de la femme de Pasteur ? » L'impossible abnégation de l'autre. C'était déjà une manière de préparer l'échec en refusant une femme réelle au profit d'une femme rêvée.

« Quelle était donc l'histoire de cet homme de cinquante ans qui avait été marié, avait des enfants et était censé connaître le genre humain (il était bien placé pour cela étant médecin) pour formuler une demande aussi irréaliste ?

« La première fois qu'il parla de cette femme mythique, avec une certaine dérision il est vrai, la formule me parut immodeste, mais elle ne me sembla pas si caricaturale.

« L'ambition qu'elle révélait — dont il était l'objet mais moi aussi par extension — me flatta un moment. Si on attendait tant de moi, c'est qu'on me supposait une capacité à répondre honorablement à cette attente.

« J'avais passé mon enfance à espérer qu'on me sollicite pour mériter enfin quelque amour, et cela ne s'était pas produit. Mais aujourd'hui, la demande était quand même trop vaste et trop irréelle.

« L'idéalisation, surtout si l'objet idéalisé ne résiste pas, est à l'évidence motif de déception, donc de discorde. La seule chance pour la femme ainsi idéalisée est de revendiquer, sans tarder, ses imperfections et de poser ainsi des bornes à cette fuite dans l'imaginaire qu'est l'idéalisation.

« Je ne l'ai pas fait immédiatement, laissant pendant quelques semaines une chance aux illusions.

« Sa foi en moi s'est d'autant plus vite effritée qu'aux déceptions que je lui donnais — en particulier une disponibilité tout à fait insuffisante — s'ajoutait ma propre peur : peur de ne pas être à la hauteur, d'être abandonnée avant même que d'être vraiment acceptée alors que je savais la force de cette attirance extrême, et cette peur me faisait prononcer des paroles d'une grande dureté qui me stupéfiaient moi-même.

« Cet homme avait sans doute, dans son histoire, d'anciennes et profondes raisons de me rejeter tout en me voulant, mais, à l'évidence, mes manques et mes rejets se greffèrent sur ses fragilités — dont l'une était une tendance persécutive — et le blessèrent. Il me les renvoya sous forme de graves frustrations.

« Plus tard, je compris que mes réactions agressives étaient moins dictées par la peur que par un fort instinct de vie. Elles avaient un rôle, je le sais aujourd'hui : monter une barricade entre nous, car quelque chose d'expérimenté en moi savait que cet amour serait destructeur.

« Une fois encore, mon instinct de conservation a pris les décisions à ma place et m'a sauvée de bien des malheurs… et de bien des bonheurs aussi.

« Le second danger fut le non-dit. Ce fut vraiment la dictature du silence. C'était un homme pudique, il avait de grandes difficultés à parler de lui. Plus tard, ce silence fut un outil de pouvoir qu'il mania avec une grande cruauté.

« Il exprimait ses mécontentements par des actes et non des paroles. Ainsi, sans me prévenir, il ne se rendait pas à une invitation où nous étions attendus ensemble.

« Je ne faisais jamais de reproches puisque j'avais appris que seul le silence y répondrait. J'étais donc, par la force des choses, complice de ce silence qui devint si épais qu'il finit par obstruer toute ouverture au dialogue.

« Ce refus d'exprimer ce qu'il était, ce qu'il ressentait menait à la pire confusion. Ne sachant pas ce que pense l'autre, on en est réduit à des suppositions souvent fausses pour ne pas dire absurdes. On mêle dangereusement la représentation et la réalité.

« Dès que je m'approchais de lui avec des mots, comme un poisson il se cachait dans une anfractuosité de son rocher et, silencieux, observait mes réactions non sans jouissance. Un sombre jeu de cache-cache. Pendant quelques jours, il était tendre et passionné, puis soudain, comme à l'approche d'un danger, comme si l'abandon dans l'amour faisait surgir des réminiscences pénibles ou douloureuses que d'ordinaire il contrôlait, il disparaissait.

« Je crois qu'il avait une grande peur de l'amour. Idéaliser une femme, en faire une statue est une manière de ne pas se confronter à sa réalité, de ne pas l'accepter telle qu'elle est. C'est au fond une peur de l'aimer.

— Vous me racontez une histoire affreuse.

— J'essaie d'analyser les causes d'une rupture. Dans notre relation, les composantes les plus néfastes et les plus bénéfiques qui soient étaient étroitement imbriquées.

— Où donc était l'amour ?

— Il était là, très fort, ajoutant à la confusion. S'il n'y avait pas eu d'amour, tout aurait été simple, mais ce fut une belle et profonde histoire. Au-delà de nos gesticulations névrotiques, nous avions une compréhension secrète l'un de l'autre dont nous ne parlions jamais, et qui était sans doute l'essentiel.

« En face de cette fuite qu'est l'idéalisation et de cette autre fuite qu'est le refus de la parole, et comme symétriques, existait cette compréhension mutuelle.

« Entre nous, la connaissance fut immédiate. Il a tout de suite su ce que j'étais, et je sais profondément qui il est. C'est étrange, vous vivez vingt ans avec un homme ou une femme que, peu à peu, vous apprenez à connaître et, soudain, vous rencontrez quelqu'un qui, en une heure, sait tout de vous.

« Je sais de lui des choses essentielles que peut-être personne d'autre n'a comprises. Être un grand médecin est une fierté mais aussi une douleur, peut-être une sorte d'échec. Il me semble qu'il aurait voulu être un grand artiste, un musicien peut-être.

« Depuis que nous ne nous voyons plus, j'ai rêvé de lui raisonnablement — quatre ou cinq fois —, et ce sont toujours les deux mêmes rêves : dans l'un d'eux, il est à l'intérieur d'une grande volière entouré d'enfants pour lesquels il joue de la flûte ; dans l'autre, je le vois de dos, en habit, conduire un orchestre symphonique dans une salle de concert devant un public élégant.

« C'est un être double — un scientifique et peut-être un artiste, un moine et un tribun —, et j'aurais pu l'aider à réconcilier les deux pôles de sa personnalité qui le déchirent. Peut-être attendait-il cela.

« De moi connaît-il sans doute des traits qui me sont inconnus. Ce qu'il m'offert de plus important fut la confiance. Confiance en mes capacités professionnelles, en mes jugements. Jamais je n'ai retrouvé chez un homme ce regard de confiance. Une confiance pareille vous entraîne vers le succès, et je comprends que les enfants auxquels on a offert depuis la petite enfance une telle confiance traversent la vie en souverains.

« En regard de ce cadeau qu'il me faisait, une confiance de charbonnier comme on a une foi de charbonnier, les cruautés dont je vous ai parlé, aussi désagréables soient-elles — quelques-unes furent soigneusement préparées —, ne me semblent pas très graves.

« Et puis nous avions en commun la passion de la connaissance, le goût d'apprendre et de comprendre qui était l'essentiel pour nous, avant l'amour peut-être, car cette passion ne vous quitte jamais.

« Il y eut des moments heureux. Je me souviens, entre toutes, d'une soirée de sérénité chez lui, avec comme symbole une crêche minuscule éclairée par une petite lumière rouge, qu'il avait fabriquée.

« Quand, surmontant les refus et les frustrations, pointaient le partage, la tendresse, le plaisir, la gaieté, tout cela avait un prix immense. C'est pourquoi cet amour impossible à vivre, cet amour mortel m'est précieux.

« Vous savez bien que toute la beauté des histoires d'amour est dans l'interdit et qu'un objet n'est idéal que mort. Nous, nous avons eu l'art de nous fabriquer des obstacles infranchissables. Nous nous sommes manqués aux deux sens du terme. Ne pas parvenir à nous rencontrer et être en manque l'un de l'autre. Je me dis aujourd'hui que nos refus étaient la réponse orgueilleuse à nos manques et qu'il est inadmissible de n'avoir pas su les dépasser.

« Je ne sais pas s'il est conscient de la violence de ses refus, moi, je connais les miens, mais je n'ai jamais pu lui en parler. Cela s'est terminé sans qu'aucun mot soit prononcé. L'éternel silence entre les hommes et les femmes.

— Vous manque-t-il toujours ?

— J'ai vécu d'autres amours et je n'ai pas de manque affectif, mais, parfois, quand des événements politiques importants surviennent ou quand je découvre un ouvrage exceptionnel, alors oui, j'ai encore le désir de le partager avec lui. Il me manque à ces moments-là.

— Y pensez-vous sans souffrance ?

— En tout cas, si elle existe, elle doit être tenue à distance dans mon inconscient par quelque censeur. Je n'imagine pas ce qui pourrait la réveiller. Ayant su si formellement, dès le début, que c'était impossible, je ne peux pas dire que j'ai éprouvé de grande souffrance, plutôt des frustrations, des freins à mon désir.

« Mais je ne veux pas diminuer l'importance de cette histoire. C'est la seule que je ne me suis pas empressée d'oublier. Je l'ai métabolisée. C'est comme d'avoir les yeux gris, ni plus ni moins. Cet homme vit en moi et d'une certaine manière je ne suis jamais seule. C'est un amour obstiné.

— Vous ne l'avez jamais revu ?

— Nous nous sommes parlé au téléphone deux ou trois fois les cinq dernières années et, même au téléphone, les frustrations sont présentes. J'ai l'impression que mes paroles sont des balles qu'un mur de béton me renvoie en plein visage. Aucune communication n'est possible. Il y a en lui un ressentiment que je ne m'explique quand même pas complètement. Qu'ai-je pu faire de si grave à ses yeux ?

« Parfois, on me parle de lui sans savoir que je le connais et quelque chose sourit en moi.

« Il y a quelques mois, je l'ai aperçu qui marchait devant moi dans une rue proche de son hôpital. Il me précédait de quelques mètres. J'ai eu la tentation de le rejoindre, mais je savais que cela n'avait pas de sens et il me semble qu'il est dangereux de priver de sens les choses importantes. Nous aurions échangé quelques paroles courtoises, peut-être amicales, peut-être m'aurait-il tourné le dos, je ne l'exclus pas. C'était intéressant de visualiser, grâce à ces quelques mètres d'asphalte, la distance qui nous séparait, la réalité de la rupture. Une rupture si profonde qu'il ne m'aurait pas été possible, dans ces circonstances, de lui parler.

— Ne regrettez-vous pas de n'avoir pu vivre cet amour ?

— Comment ne pas le regretter ? Mais la rupture de ce sentiment qui naissait si fort et si mal était vraiment la seule issue.

« L'avoir compris est l'une des choses dont je suis fière. À supposer que nous ayons persisté, j'aurais été la femme la plus mal traitée du monde, dans un degré mortel de dépendance, de frustration, et comme je réveille vraisemblablement en lui des émotions douloureuses qu'il a peut-être déjà vécues en d'autres temps, qu'il se sent blessé par moi souvent, quel enfer pour lui aussi.

« Nous vivions, en même temps et avec une force immodérée, l'allégresse et le désenchantement, la sérénité et le ressentiment. C'était fatigant, inutile, destructeur.

« L'amour, c'est apporter du bien à l'autre, nous nous apportions plus de mal que de bien.

« Je vais vous dire pourquoi cette rupture est une victoire. Une telle attirance inextricablement entremêlée à de tels refus mène à une immense confusion des sentiments et de la pensée, et la confusion, à un certain degré, rend fou.

« Ne pas parvenir à établir une frontière entre ce qui vous fait du bien et ce qui vous apporte du mal — « le » mal — est redoutable, dangereux. Puisque nous ne pouvions séparer notre amour de tant d'éléments négatifs, il fallait nous séparer.

— Avez-vous pris conseil ?

— Non, mais au moment où je décidais de le quitter, les autres sans le savoir — ce fut presque drôle — auraient volontiers ajouté à ma confusion.

« À la demande de cet homme que j'aimais, j'avais réalisé pour l'une de ses collègues italiennes un projet de maquette pour la couverture d'un livre qu'elle allait publier. Je n'avais jamais vu cette femme. Elle m'a écrit pour me remercier et a ajouté avec la franchise et la chaleur que je reconnais chez mes amies italiennes :

« *P. me parle beaucoup de vous. Permettez-moi de vous dire que vous êtes pour lui une personne d'une extrême importance. C'est un homme exceptionnel. Il a besoin de vous.*

« Au même moment, un ami commun, un psychanalyste, m'a dit en me quittant un soir que nous dînions ensemble, avec ce langage elliptique qui caractérise ceux de sa profession et d'un air tout à fait jovial :

« — Ainsi, vous êtes à la croisée des chemins. Vivre ou ne pas vivre avec P. Choisir entre la destruction et la vie.

« Après des rejets de part et d'autre, violents et inextricables, j'ai décidé de ne pas m'obstiner. Nous avons cessé de nous voir. Je n'ai pas choisi la vie mais une certaine vie.

Elle ajouta :

— Je n'ai jamais compris à ce point la belle phrase de Gaétan Picon : « Ce drame qu'est pour chacun l'existence d'autrui. »

« Cette rupture m'a laissée un moment non pas dans une grande douleur, mais dans l'état, je le suppose, du boxeur après un combat. Assommée.

« Mais ce fut une rupture salutaire, puisque je n'ai jamais reproduit une relation de ce type avec un homme, quelle qu'ait été mon attirance pour cette sorte d'homme et pour cette sorte de relation.

C'est moi qui respire

Madeleine est la seule dont je n'ai pas recueilli le témoignage directement. Son histoire m'a été racontée par le garçon dont je vais parler dans le prochain chapitre. À la manière dont il l'évoqua, il était clair que l'histoire de Madeleine l'avait marqué et qu'il l'admirait énormément. Quiconque a connu l'expérience d'une vraie rupture est intéressé et même passionné par les ruptures des autres.

Il me dit que les différends avec sa famille — qu'il ne parvenait pas à nommer rupture — étaient bien peu de chose si on les comparait à l'exceptionnelle rupture qu'avait accomplie Madeleine si tard dans sa vie.

Elle avait un peu plus de soixante-dix ans et vivait depuis deux ans — depuis la mort de son mari — dans une maison de retraite, ce qu'elle avait de plus en plus de mal à accepter. Les fêtes étaient particulièrement difficiles à supporter, non pour les raisons que l'on peut supposer : le poids de la solitude et des nostalgies, mais pour des raisons inverses, la sollicitude un peu pesante qu'on manifeste généralement aux personnes âgées et qui va parfois jusqu'à l'infantilisation.

Troisième âge, quatrième âge, ces personnes sont triées et classées en catégories qui ressemblent à des ghettos, et on a envers elles des comportements stéréotypés comme si toutes souffraient de solitude, de maladie et appelaient la compassion. Madeleine disait avec malice qu'à s'en tenir aux discours autorisés rien ne laisserait supposer, à un observateur non averti qui débarquerait dans notre monde, que les personnes âgées vivent parmi nous et circulent librement dans la société. Elles lui apparaîtraient comme des citoyens différents, existant dans des lieux à part et qu'il convient de traiter selon des rites particuliers.

Elle et son mari avaient, en quelque sorte, été victimes de ce discours dominant quand ils avaient décidé que celui qui resterait après la mort de l'autre irait s'installer dans l'un de ces lieux protecteurs que sont les résidences pour personnes âgées.

Ils en avaient même visité quelques-unes dont ils avaient apprécié le confort, sans croire vraiment que l'un d'eux y vivrait un jour. Et pourtant c'était arrivé.

Madeleine chercha, en vain, à éviter la directrice de la résidence qui se dirigeait vers elle.

— Amie, j'insiste, venez donc partager notre déjeuner. C'est demain Noël. Il n'est pas bon de rester seule.

— Merci, dit Madeleine avec fermeté. J'ai tout ce qu'il faut chez moi.

Dans la salle à manger, à la table qu'elle occupait, parfois on s'interrogeait sans bienveillance, comme chaque année. Pourquoi ses enfants ne viennent-ils jamais la voir, pas même une fois l'an ?

— C'est elle qui ne veut pas les voir, dit quelqu'un pour la défendre.

Ce fut une défense sacrilège, la pire condamnation. Ne pas vouloir voir ses enfants n'est pas dans l'ordre des choses. Il y avait là une insulte à l'amour maternel.

Madeleine pensait que l'amour maternel est comme l'amour tout court. Il recouvre des réalités diverses, merveilleuses ou effroyables. Comme l'amour, il a besoin de nourriture pour prospérer et d'espace pour respirer.

Elle pouvait se remémorer ce jour, il y a deux ans, où elle avait déclaré à ses enfants que nul ne les obligeait à respecter des rites qui les ennuyaient. Elle les libéra des Noëls qu'elle aimait tant, et qu'ils détestaient.

Noëls saccagés. Eux pensaient avec amertume aux jours de ski qu'ils gâchaient à cause d'elle. Elle se désolait de vivre, avec une telle absence de grâce, cette soirée qu'elle continuait à trouver magique.

Du moins, seule, était-elle libre d'aller à la messe de minuit, de manger des escargots de Bourgogne en lieu et place de la dinde farcie, de regarder à la télévision les plus belles messes du monde et d'écouter le concert traditionnel du 1er janvier à Vienne, dirigé par Klaus Kleiber qui valsait à son pupitre en dirigeant les œuvres de Strauss.

La difficulté de la relation avec ses enfants avait été révélée par la disparition de son mari. Elle était désormais seule, et cette situation nouvelle changeait beaucoup de choses. Elle s'aperçut qu'il est plus difficile d'entretenir des relations avec ses enfants dans ces conditions. Un couple est plus solide pour résister aux petites agressions, aux vexations. Si quelque ressentiment tracasse l'un, on peut s'en ouvrir à l'autre qui relativise l'incident ou au contraire l'amplifie, alors on le tempère.

Elle avait alors éprouvé le besoin de combler le vide de la mort, le premier dans leur cellule familiale, en resserrant les relations entre les vivants. Elle tenta de se rapprocher de ses enfants en leur téléphonant plus souvent, en ayant une demande affective plus exigeante, mais ils n'avaient pas répondu à ce besoin. Ils continuaient à se comporter avec elle comme s'ils étaient deux, le couple des parents.

Pour eux, leur mère était une femme forte, capable de se prendre en charge comme elle l'avait toujours fait, en même temps une femme encombrante, en raison de son excessive anxiété. Il est vrai qu'elle ne parvenait pas à délimiter clairement l'espace qu'il convenait de conserver entre eux, qu'elle emplissait parfois de peurs irraisonnables, soit qu'elle les exprimât, soit qu'ils les captassent eux-mêmes pour, à leur insu, renforcer leurs propres peurs.

Tout cela — elle le comprenait — ne suscitait pas un désir de protection, et le fait qu'elle vive désormais dans la plus grande sécurité les déchargeait de responsabilités qu'ils auraient sûrement assurées si la nécessité s'en était fait sentir.

Ils avaient eux-mêmes vécu des moments difficiles qu'ils avaient surmontés avec beaucoup de courage. Ils étaient devenus des êtres particulièrement autonomes.

Elle laissa passer quelques mois en prenant garde à ne pas les solliciter et, instruite par cette expérience, osa alors s'avouer leur indifférence.

Si elle ne leur téléphonait pas, ils ne l'appelaient pas, sauf pour lui demander un service ou quelque information, mais jamais pour prendre simplement de ses nouvelles. Ils craignaient sans doute qu'elle ne s'y habitue et devienne exigeante.

Alors, elle avait fait une sorte de bilan et conclu que ce qui lui arrivait n'était certes pas heureux, mais qu'en tirer de sombres pronostics était prématuré.

La tendresse ne se décrète pas et, s'il ne lui appartenait pas de faire en sorte qu'on l'en gratifie, il lui appartenait, en revanche, de se dégager d'une dépendance qui la faisait souffrir et dont elle ne supportait pas l'inutilité.

Dans l'amour, la dépendance peut avoir quelque charme. Elle ressemble à un sentiment protecteur et apporte parfois une certaine sécurité. Dans son cas, la dépendance était, à tous égards, néfaste : encombrement pour eux, humiliation pour elle.

Quelle qu'en soit sa volonté, elle n'avait pu éviter de passer par toutes les étapes qui avaient mené à la remise en question de cette relation : ressentiments, regrets, amertume, soulagement. Puis l'idée fugitive, périlleuse, aussitôt chassée, de ne plus voir ses enfants pendant quelque temps pour tenter de dissiper leur malaise mutuel était devenue, peu à peu, supportable.

Peut-être était-il encore possible de briser certaines contraintes, à commencer par celles camouflées par des rites familiaux, d'assouplir les images mutuelles forgées au long des années.

Elle y réussit dans une certaine mesure, et un équilibre dans leurs relations se mit peu à peu en place.

La remise en question de leurs rapports avait été certes difficile mais pas autant qu'elle l'aurait cru, pour deux raisons :

À ne pas voir ceux qu'on aime, à ne pas connaître donc à ne pas partager ce qui fait leur vie, on les oublie un peu. Fussent-ils vos enfants, fussent-ils vos parents.

D'autre part, sa démarche s'inscrivait assez bien dans un temps de séparation.

Les deux dernières années avaient été agitées. Elle avait quitté son appartement de Paris pour aller vivre dans cette résidence au fond d'un parc d'Île-de-France.

Elle avait trié des cartons bourrés de papiers, brûlé trente cahiers du journal qu'elle avait tenu, et cette destruction lui avait été agréable. Elle ne l'avait pas vécue comme une perte — sinon elle ne s'y serait pas livrée —, mais comme un allégement. Elle avait l'impression désormais de pouvoir se retourner sur sa vie sans angoisse et même avec quelque légèreté.

Tout cela avait naturellement quelque chose à voir avec sa propre disparition. Une préparation en quelque sorte. C'était sain. C'était bien ainsi.

À briser des dépendances, elle médita sur la liberté.

Elle avait été une femme exceptionnellement libre. À cet égard, sa vie avait été une réussite, car la liberté avait été son ambition suprême et elle l'avait gagnée à tout moment de sa vie.

Elle pensa avec compassion aux femmes des générations précédentes chez lesquelles, souvent, les mères ou les belles-mères finissaient leurs jours ou plutôt leurs années. Des années heureuses pour les vieilles personnes au sein d'une famille où elles étaient respectées, parfois craintes, distraites par les mille curiosités familiales. Elles disparaissaient sans avoir jamais connu la solitude dont, un jour, on se soulage en mourant.

En revanche, il n'était pas rare que les jeunes femmes qui les recevaient vivent cette présence comme une servitude.

Cette contrainte lui avait été épargnée. Toute liberté a un prix. La fragilité de la vieillesse, une certaine solitude n'allaient pas la faire changer. Elle devait tenir la ligne. Que reste-t-il à la vieillesse sinon la dignité, un certain honneur à être cohérent avec soi-même jusqu'au bout.

La prise de distance avec ses enfants eut des conséquences imprévues.

Pour compenser un sentiment d'éloignement et, à certains égards, d'abandon, elle aurait pu se mettre sous la protection de l'institution au sein de laquelle elle vivait et s'y attacher. Ce fut le contraire qui arriva. Comme si son indépendance durement acquise lui avait donné le goût d'autres libertés qui, rapidement, se transforma en un sentiment de révolte.

Elle ne supportait pas de ne plus avoir son libre arbitre, d'être dépendante de règles qu'elle n'avait plus connues depuis sa sortie du pensionnat lorsqu'elle avait quinze ans.

Se révolter, c'est avoir quelque chose à défendre. Elle avait à défendre la force de vie qui lui était encore impartie, une énergie qu'elle sentait puissante grâce à des curiosités comblées, grâce à des émotions, grâce même à de petits dangers raisonnablement évalués.

Par exemple, elle adorait marcher le soir dans Paris. Elle n'aurait pas osé demander à ses enfants de venir la chercher, et elle ne pouvait pas prendre un taxi juste pour aller rouler dans les lumières de la ville. Dans le monde où elle vivait, on ne prenait un taxi que pour aller à l'hôpital ou rendre visite à des amis en plein après-midi.

Cette envie et quelques autres finirent par lui donner l'idée de revenir à Paris.

Elle s'en ouvrit à la seule personne capable de le comprendre : le grand-père du garçon qui m'a raconté l'histoire de Madeleine. Enchanté par son projet, il lui dit qu'après avoir parcouru le chemin de la liberté vers la sécurité elle devait tenter le parcours de la sécurité vers la liberté plus risqué mais combien plus grisant.

Sécurité, liberté, on bénéfice rarement des deux. Autant, à son âge, choisir le plus agréable.

Il encouragea son projet et ne cessa de la soutenir face à la réprobation de tous, fondée sur des arguments pertinents.

La réprobation de tous, sauf du jeune médecin qui s'occupait d'elle.

Il lui dit qu'il n'était pas dans sa nature d'obéir, que la discipline de cette excellente maison ne lui convenait pas et que les inconvénients certains de vivre seule à son âge étaient un très efficace risque à courir.

Un jour qu'il l'examinait et qu'elle lui faisait part de sa difficulté à prendre une décision par crainte de complications avec la résidence, avec la Sécurité sociale, sa mutuelle, avec les locataires de son appartement auxquels il faudrait qu'elle donne congé, avec ses enfants, le jeune médecin écarta le stéthoscope de sa poitrine, le lui montra et dit : « C'est vous qui respirez. » Elle répéta comme surprise : « C'est moi qui respire. »

Peu de temps après, elle quitta la résidence et reprit son appartement à Paris.

Lorsqu'elle était entrée dans la maison de retraite, elle avait dispersé la plus grande partie de ses meubles et se retrouva dans un lieu aux grands espaces vides mais aux murs recouverts de ses tableaux qu'elle avait tous gardés.

Cependant, rien d'inachevé ni de précaire dans son appartement. Il ressemblait à une galerie de peinture. C'était le cadre idéal pour y vivre ses ultimes libertés.

Une rupture pour vivre

Les ruptures familiales sont parmi celles qui provoquent le plus de dommages, car elles menacent la cohésion de la famille et, dans les cas graves, peuvent faire éclater des traditions, la pérennité d'une culture.

Si certaines ruptures se font brutalement à la suite de dissensions inattendues telles une trahison affective, une succession considérée comme injuste, fréquemment la cause des ruptures est d'ordre idéologique.

Par un acte, par son comportement, par ses convictions, un membre de la famille manifeste son désaccord avec des coutumes, des principes, jusque-là acceptés comme références. Il y a alors rupture du consensus qui, malgré tout, régnait jusqu'à présent. L'ensemble du système familial est déréglé. À la tranquille continuité fait suite la fracture où s'engouffrent les incertitudes, les ressentiments, les peurs qui mènent à des conflits enfin exprimés.

Ces ruptures ne devraient pas être totalement imprévisibles, car tous les ingrédients du conflit sont là, présents depuis des années au sein de certaines familles. Les antagonismes secrets remontent parfois à la surface d'une discussion, fugaces, provoquant une gêne, mais sont vite écartés pour éviter les discordes jusqu'au moment où un événement les met au jour.

L'idéologie familiale, comme toute idéologie, ne supporte pas d'écart entre ses croyances et celles de son environnement. Les gardiens de l'idéologie sont généralement les parents, et ceux qui les contestent sont souvent les enfants, ou quelque membre de la famille qu'une nature singulière ou que les circonstances de la vie ont amené à remettre en question les règles et les conventions en vigueur. Il n'est pas rare que dans les familles, comme dans la société, ce soient souvent les enfants, les artistes, les marginaux qui libèrent les esprits des règles réductrices de l'idéologie.

Nous savons bien que la liberté n'existe qu'au prix d'une révolte et qu'aucun de nous n'y parvient sans avoir affronté des interdits, des lois, des codes. Une crise familiale est souvent un moyen pour qu'un enfant découvre la meilleure issue vers sa vie.

Quand on observe les mécanismes qui mènent à ces ruptures, on voit bien qu'elles auraient pu être évitées avec de l'attention, de l'imagination. Mais à quoi bon rêver à des scénarios improbables ? Les conflits ne sont pas des crimes et l'absence de conflits — idéal de beaucoup de familles — n'est pas nécessairement le signe d'une réelle harmonie et d'une capacité à évoluer.

La rupture d'un consensus familial peut être une chance si on considère que les bouleversements qu'elle provoque sont des occasions de faire évoluer des principes et d'assouplir des comportements.

Le lendemain de sa sortie d'une grande école, dans un bon rang, le garçon informa ses parents qui lui demandaient quel serait son choix qu'il n'entrerait ni dans l'administration, ni dans une entreprise.

— Nous savons bien que tu veux faire carrière à l'étranger, mais ce sera nécessairement dans l'une ou l'autre.

Alors, le garçon expliqua ce qu'il avait déjà dit si souvent mais qui, ce jour-là, prit tout son sens : qu'il ne comptait pas faire carrière où que ce soit, qu'il n'avait jamais eu cette ambition. Jamais.

Plus encore que la consternation, l'incompréhension régna.

— Comment comptes-tu gagner ta vie ?

— En faisant de petits travaux au gré de mes voyages.

La mère dit plus tard qu'à cet instant la confiance et l'espoir qu'elle avait mis en son fils s'étaient brisés, l'affection qu'elle lui portait était comme anesthésiée. À bouleverser ainsi les donnes, à choisir d'autres valeurs que celles qui, le croyait-elle, leur étaient communes, il s'excluait.

Le garçon, lui, agissait dans la continuité du dessein de sa vie tel qu'il l'avait peu à peu élaboré. Il avait tenté d'en faire part à sa famille depuis des années. En vain. Il avait fallu cette extrême tension pour que ses paroles fussent entendues.

Il expliqua quelle vie il souhaitait, et son père lui répondit qu'il ne lui parlait pas de sa vie mais de sa carrière.

Jusque tard dans la nuit, ils tentèrent de se comprendre mais n'y parvinrent pas.

Quand ils se retrouvèrent seuls, la mère dit à son mari :
— Je reconnais là l'influence de mon père.

Parfois, c'est un auteur, un paysage, l'admiration pour un proche qui marquent durablement et même orientent une vie. Pour ce garçon, ce furent la lumière et l'ombre sans cesse renouvelées sur les toiles que peignait son grand-père, les poèmes qu'il lui lut et l'affection qu'il lui porta.

De promenades en promenades, de conversations en conversations, d'observations en observations, pendant toutes les vacances qu'il passa avec lui depuis sa petite enfance, ce grand-père l'aida à se forger un moi indépendant fondé sur ses propres expériences.

Il lui apprit à accueillir ses émotions avec joie, à reconnaître ses besoins, ses désirs et à les évaluer au fil des années pour savoir s'ils sont essentiels. S'ils le sont, à ne pas laisser substituer la volonté d'autrui à sa propre volonté.

Au gré des circonstances, il y eut d'autres enseignements, tel un jour où un vent de force six chahutait sérieusement le bateau sur lequel le grand-père et le petit fils naviguaient ; il n'avait pas essayé de le rassurer mais lui avait conseillé de profiter de ce moment difficile pour tenter de « décortiquer » sa peur, comme il disait, au lieu de la subir en bloc, à ne pas la prendre pour argent comptant, à négocier avec elle, avec soi.

Sur ce même bateau, alors que le garçon avait commis une grave erreur de navigation, son grand-père lui avait dit sans aménité que la culpabilité qu'il exprimait avec insistance ne servait pas à grand-chose. Qu'il aurait été plus utile de reconnaître sa responsabilité pleine et entière, ce qu'il n'avait pas fait. Qu'il ne fallait pas tout confondre : le sentiment de culpabilité soulage peut-être mais ne répare rien.

Surtout, il apprit de son grand-père, navigateur et peintre, à ne pas s'habituer aux choses de la vie, à être sensible au mouvement, au multiple.

— Regarde, lui disait-il en désignant l'océan par la fenêtre de l'atelier, la nature est changement perpétuel et, en pointant certaines des toiles accrochées aux murs, l'art évolution incessante.

Dès l'adolescence, le garçon avait su précisément non pas le métier qu'il exercerait, mais la vie qu'il voulait avoir : être un voyageur, découvrir les terres, connaître les hommes qui y vivent. S'intéresser aux autres et être insaisissable.

Ces idées quant à son avenir n'étaient pas prises au sérieux par sa famille mais, comme elles ne nuisaient pas à ses études et à sa conduite en général, elles ne l'inquiétèrent pas non plus.

Ces études, ses parents les lui avaient conseillées et elles lui convenaient. Il se donnait ainsi de solides outils — en l'occurrence d'excellents diplômes — qui lui garantiraient une vie professionnelle d'un bon niveau et surtout étaient une estampille sociale qui le protégerait des inconvénients d'une vie qui risquait d'être anticonformiste.

Il ne partageait pas l'idéologie de sa famille, leurs très forts repères sociaux, leur respect de la réussite matérielle et sociale donc du pouvoir, une recherche incessante de la performance. L'identification à quelque forme de pouvoir que ce soit lui était insupportable car, par des exemples dans sa propre famille et la nature de ses études, il était bien placé pour observer dans quelle dépendance et quelle agitation il mettait ceux qui en jouissaient.

Lui se construisait sur d'autres valeurs. Les règles que lui inculquait sa mère sur les conduites à suivre étaient relativisées par l'apprentissage auquel veillait son exceptionnel grand-père qui lui avait appris à se déterminer à partir de ses propres désirs, de ses expériences personnelles, de ses réflexions.

Ne pas attenter à sa propre liberté intérieure était un désir et une volonté qu'il avait ancrés au plus profond de lui-même. Il avait, avec précocité, établi des frontières entre lui et autrui, entre ses convictions et celles de sa famille, entre ses idéaux et ceux de son milieu, et contourné ainsi les codes qui l'auraient mené à une représentation stéréotypée de lui-même souhaitée par sa mère et qu'il refusait.

Il avait tenté d'en faire un sujet de discussion avec sa famille, mais il avait vite compris que formuler certaines de ses convictions aurait provoqué des affrontements, appelés désordres dans une famille où le silence était un dogme. Aucune faille à ce silence de bon aloi n'aurait été tolérée.

L'obéissance, même si elle est en opposition avec quelque chose d'essentiel en soi-même, est vécue par un enfant comme juste et légitime en contrepartie de l'amour et de soins reçus.

Il se disait : résister viendra le moment venu. Il n'évoqua plus son projet de vie mais, pendant tout le cours de ses études, il continua à y réfléchir et à l'enrichir d'observations, d'arguments aussi justes et réalistes que possible, qu'il puisait dans ses propres expériences, dans les témoignages que lui apportaient les autres.

La mère, avec honte, finit par s'entretenir de la crise que vivait sa famille avec une femme estimée d'elle et de son mari et proche du garçon.

Cette femme me dit que pendant longtemps aucune communication ne fut possible entre lui et ses parents, surtout entre lui et sa mère.

Très vite, le père déclara qu'il était fatigué de ces vaines discussions. Il abandonna en quelque sorte la partie et ne chercha plus à convaincre quiconque. Peut-être, au fond, comprenait-il les raisons de son fils. Il ne s'agissait certes pas d'une compréhension très profonde et intime, mais d'une certaine complicité d'homme à homme à laquelle s'ajoutait une solidarité de sérail car ils sortaient de la même école.

La décision de son fils ne l'affectait pas aussi gravement que sa femme, car il bénéficiait d'une autonomie qu'elle n'avait pas. Un poste dans la haute administration lui apportait un puissant intérêt professionnel, des voyages, des responsabilités qui étaient autant de gratifications que rien ni personne ne saurait remettre en cause.

Surtout, cette décision n'atteignait aucun point sensible au plus profond de lui, car il n'avait rien investi d'essentiel dans la réussite de son fils. Sa femme lui reprochait ce qu'elle appelait son indifférence. On pouvait nommer ainsi sa non-implication dans le bouleversement familial qu'il trouvait un peu excessif. Il considérait que tout cela n'était pas fondamentalement grave. Son fils sortait d'une école prestigieuse, diplômes en main, là était l'essentiel. Simplement, il regrettait le gâchis du temps perdu et se demandait combien d'années seraient nécessaires pour que le garçon retrouve son bon sens.

Contrairement à son mari, l'image que la mère avait d'elle-même fut cruellement atteinte. Cette image s'était forgée à partir des références d'une éducation traditionaliste, réactivées par des principes auxquels la famille de son mari était extrêmement attachée.

Dans l'élaboration de cette image idéale, le rôle et la responsabilité de mère avaient une place importante. N'ayant pas d'occupation professionnelle, elle s'était entièrement investie dans cette fonction maternelle, ainsi que dans celle de maîtresse d'un foyer dont le chef de famille avait un statut social important.

Elle n'avait pas d'autre autonomie, d'autre pouvoir, d'autre gratification que ceux que lui donnaient ces fonctions. Elle fut donc profondément atteinte dans les valeurs sur lesquelles elle avait fondé sa vie, son identité, son image, et pour la première fois elle prit conscience de leur fragilité. Le fils idéal, le fils imaginaire désertait brutalement, faisant place à un adulte inconnu.

C'était le premier craquement dans l'organisation qu'elle avait patiemment, courageusement mise en place. Le garçon « avait commis » une fracture avec son passé, son présent et son avenir tel qu'elle l'avait prévu. Il avait surtout porté atteinte à la confiance qu'elle avait en elle-même.

Elle jugeait qu'elle avait échoué sur deux points. Dans sa fonction d'éducatrice mais aussi, plus largement, dans son rôle de gardienne de la cohérence de la famille, une fonction conciliatrice à laquelle elle tenait beaucoup.

La rupture, accompagnée de ses deux démons — la trahison, la clandestinité —, la frappait.

Son fils, alors qu'il arrivait au but (qu'elle avait fixé), renonçait brutalement. Elle ne parvenait pas à admettre que, tout au long de ces années, lui et elle, vivant dans la même maison, dans ce qu'elle croyait être une intimité, avaient développé chacun de son côté des rêves incompatibles.

En affirmant des désirs antinomiques des valeurs de la famille qui étaient sécurité, cohérence, continuité, il les trahissait gravement — selon elle — et elle vivait cette trahison comme une menace pour la cohésion du clan familial.

La clandestinité était un épouvantail encore plus cruel. Penser qu'il se mettait hors des normes de leur société était pénible, mais le pire était que, sans point d'ancrage puisqu'il voulait flaner au gré de ses désirs, il devenait autant dire un vagabond puisqu'il n'y aurait aucun lieu fixe en ce monde où le joindre à tout moment. Il lui échappait, il échappait à tous ceux qui avaient investi en lui.

L'amie qui faisait office de médiatrice était à la fois compatissante et très irritée par cette mère qui n'avait pas la capacité de dépasser ses propres certitudes.

Compatissante, car les valeurs sur lesquelles s'était construite cette femme s'écroulaient, remettant en cause son identité. N'ayant aucune réelle ouverture vers un autre monde que le sien — elle ne fréquentait que des gens de sa chapelle —, elle n'avait pas la capacité de relativiser son point de vue, d'y apporter quelque sagesse, quelque modération, et de la générosité.

Irritée, car son amie ne raisonnait que dans une logique économique, en termes d'investissements, affectifs, sociaux, pécuniaires, ceux-ci devant nécessairement produire les résultats qu'elle escomptait : la réussite sociale et la reconnaissance familiale.

Le garçon partit comme il l'avait prévu, dans les conditions qu'il avait indiquées.

Il ne donna pas tout de suite de ses nouvelles, et ce fut le meilleur moyen pour que sa mère cesse de faire de cette rupture un malheur mais la considère, le temps passant, comme une expérience non exceptionnelle.

Beaucoup de choses avaient été bouleversées, en particulier la nature de ses relations avec ses enfants. Il fallut bien les reconstruire sur d'autres équilibres que ceux qu'elle avait établis dès leur petite enfance et qu'elle n'avait guère fait évoluer.

Elle s'interrogea sur les raisons de son intransigeance et comprit qu'il s'agissait pour elle d'un système de défense hérité de l'enfance.

Comme toujours, qu'il s'agisse de celui qui rompt ou du « rompu », le jeu des correspondances avec le passé, avec l'enfance se mit en marche et donna un éclairage plus large à l'événement. Elle ne le vivait plus comme un règlement de comptes entre son fils et elle, son fils et sa famille, mais comme une histoire plus vaste et lointaine qui concernait beaucoup de gens vivants ou diparus.

Il n'y avait eu rupture que parce qu'il y avait eu intolérance. La fracture qu'avait accomplie son fils les concernait tous, elle était l'aboutissement de décennies de culture familiale. La filière s'était brisée et il avait fallu qu'elle en soit l'agent principal.

Elle ne dit pas encore que cette rupture a été féconde, mais elle admet qu'elle est arrivée à temps pour que ses autres enfants en bénéficient.

Révolte

Je n'avais jamais rencontré cette femme, mais je la connaissais car elle avait une certaine notoriété dans son domaine de compétence et j'avais lu ses livres.

Elle faisait partie des cinq personnes présentes au dîner auquel je participais ce soir-là chez des amis.

L'un des convives, un médecin, requérait notre attention par son charme, le bon sens de ses propos.

Craignant un jour d'être confronté à la maladie, chacun est intéressé par la médecine et ses extraordinaires progrès. Ce médecin en parlait bien.

La femme dont j'avais fait la connaissance à ce dîner, et qui était demeurée silencieuse pendant les échanges que nous avions avec le médecin, s'adressa à lui :

— Quel dommage, monsieur, que les considérables progrès de la médecine n'aillent pas toujours de pair avec la qualité de la relation des médecins avec leurs patients.

Il savait comme nous qu'elle avait eu un cancer dont, après cinq chimiothérapies, elle s'était apparemment très bien tirée, et il l'écoutait avec une grande attention.

Il lui dit cependant :

— N'est-ce pas un point de vue un peu polémique ?

— Ce pourrait l'être, en effet, répondit-elle, mais dans mon cas c'est un point de vue bien réel puisque j'ai décidé de quitter le système médical classique dont j'ai fait partie jusqu'ici : l'hôpital, les médecins, et j'espère me tenir à cette décision.

Devant notre étonnement, elle ajouta très vite :

— Ne croyez pas qu'il s'agisse d'un comportement suicidaire, c'est le contraire. En agissant ainsi, j'ai le sentiment intime, profond que je donne plus de chances à la guérison.

« En revanche, je sais que si j'avais continué à être docile, passive, dans l'état de dépendance qui caractérise la relation hôpital-patient — la non-information dans laquelle on maintient le malade, sa non-prise en compte comme sujet responsable —, je me serais mise bien davantage en danger, car je n'avais pas d'éléments, j'allais dire d'outils, me permettant de me prendre en charge.

Le médecin dit, s'excusant de la franchise de ses paroles :

— Vous avez pris cette décision *après* avoir bénéficé de soins dont vous dites vous-même qu'ils vous ont sauvée.

— Oui, en effet, après une thérapie dont je ne pouvais me passer. Le travail technique, le travail indispensable a été fait et sûrement bien fait, mais c'est précisément lors de ces hospitalisations que des faits précis que j'ai observés et vécus m'ont fait réfléchir.

— Quand l'avez-vous prise ?

— Trois ou quatre mois après la fin du traitement, je suis allée à l'hôpital passer une échographie que, comme d'habitude, on ne m'a pas commentée. Ce comportement a réactivé ma colère. C'était chaque fois la même chose. À force d'insister, le praticien, l'air contrarié, laissait tomber trois phrases floues et disparaissait, me laissant dans la frustration et le ressentiment y compris contre moi-même, puisque je n'avais pas eu la force de me rebeller.

« Se taire, rester inactive, c'est laisser croire qu'on se soumet et, en effet, on finit par se soumettre, car il est fatigant de lutter lorsqu'on est malade.

« Cette fois-ci, j'étais en état de réagir. Il m'est alors apparu comme une évidence que je ne reviendrais pas dans cet endroit, que je ne prendrais pas de nouveau rendez-vous pour des contrôles dont on ne jugeait pas utile de me donner les résultats, me laissant dans un aveuglement presque total quant à mon état de santé et à ses éventuelles évolutions.

« Je me sentais dans un grand abandon. Joindre le cancérologue par téléphone était une sorte de parcours du combattant épuisant, or j'avais besoin qu'on m'informe, qu'on me conseille.

« Trop c'est trop, un certain nombre de faits m'ont conduite jusqu'à une frontière au-delà de laquelle j'ai senti que je ne pouvais pas aller. Je n'étais pas dans le renoncement mais dans la révolte, la bénéfique révolte qui vous révèle ce qu'il y a à défendre en soi-même.

— Vous imaginez combien je me sens concerné, dit le médecin. Comment en êtes-vous arrivée là ? Que s'est-il passé quand vous étiez à l'hôpital ?

Elle réfléchit un court moment et répondit :

— Je me sentais sans cesse insécurisée.

— Prise en charge dans l'un des meilleurs hôpitaux de la région parisienne, soignée par des médecins d'un haut niveau de compétence, comment pouviez-vous vous sentir dans l'insécurité ?

Elle craignait de monopoliser la conversation et interrogea du regard notre hôtesse, mais il était clair que, tous, nous souhaitions qu'elle poursuivît.

— La deuxième fois que je me suis présentée à l'hôpital pour une chimiothérapie, je suis arrivée à dix heures. Après une prise de sang et une radio des poumons dont je n'ai rien su, faute d'interlocuteur, on m'a installée dans ma chambre vers midi. Jusqu'à seize heures il ne s'est rien passé, puis sont entrés une interne et un interne, l'air franchement embêtés. Voici notre dialogue :

« — Savez-vous ce qu'il y avait la dernière fois dans votre perfusion ? Essayez de vous souvenir, n'y avait-il pas un produit rose ?

« — Je ne crois pas. Pourquoi me demandez-vous cela ?

« — On a perdu votre dossier.

« — Vous avez un double, demandez au cancérologue.

« — Non, pas de double.

« À dix-huit heures :

« — On a retrouvé votre dossier.

« Est-il nécessaire de vous décrire l'état d'inquiétude dans lequel on se trouve après une telle conversation. Tout malade est nécessairement dans un état psychologique plus ou moins précaire, il a besoin de tranquillité, de concentrer ses forces pour supporter le mieux possible le traitement qui l'attend. Il n'a certainement pas besoin de l'angoisse, du sentiment de danger (vont-ils mettre le bon produit dans la perfusion : le produit rose, le mauve ?) qui sont de nature à l'affaiblir.

— C'était, à n'en pas douter, un accident.

— Peu importe la raison, cela ne change rien aux réactions du malade, à son anxiété.

« De toute façon, c'était en effet un accident, mais l'accumulation de faits de cet ordre, nombreux et variés

— qui sont sans doute bénins pour les médecins concentrés sur le traitement d'urgence —, provoque un climat d'insécurité.

« Voilà un autre fait qui, je l'avoue, m'a troublée : le médecin, appelé par une infirmière, sort de ma chambre en laissant mon dossier sur le lit. Je m'empresse d'y jeter un coup d'œil. Je n'ai que le temps de lire : antécédents, RAS.

« Rien à signaler, comment le savaient-ils ? J'affirme — j'en fus moi-même étonnée sur le moment — qu'on ne m'a pas posé de questions sur les causes de la mort de mes parents.

« Peut-être les médecins auraient-ils été intéressés par le fait que ma mère est morte à quarante-neuf ans d'un cancer et par quelques autres détails sur mes antécédents.

« Qu'ai-je vu à l'hôpital ? D'une part, une technologie à n'en pas douter remarquable qui passionne les internes ; de l'autre, de la négligence dans la relation avec le malade, que tentent de compenser les admirables infirmières.

« On a l'impression que le professionnalisme est réservé au fonctionnement des « machines », certainement pas au fonctionnement de l'être humain. La relation singulière du médecin au malade, l'humanité, où la trouve-t-on ? Pas à l'hôpital.

Le médecin était consterné. Il tenta avec honnêteté de faire ce qu'il appelait la part des choses et conclut :

— De là à vous détourner de la médecine… Que souhaiteriez-vous ? Que manque-t-il, selon vous, aux malades que la médecine ne leur apporte pas ?

— « Les » malades, « la » médecine… Je ne veux parler qu'en mon nom et à partir de ma propre expérience. Ce qui m'a manqué d'essentiel : être écoutée, informée.

« Être écoutée non sur mes états d'âme, mais sur ce je sais de mon corps. Un être humain, lorsqu'il est malade, est davantage à l'écoute de son corps, de ce corps souffrant dont il connaît beaucoup de choses.

« Je ne veux pas entrer dans les détails mais si, dans une circonstance particulière, l'interne avait accepté de m'entendre, nous aurions évité des examens qui furent très douloureux, coûteux pour la Sécurité sociale et qui, de l'avis même du cancérologue arrivé peu après, étaient inutiles.

« Quand j'ai quitté l'hôpital, cet interne m'a dit :

« — Je suis navré que vous partiez. Je vous aurais bien gardé rien que pour mon intérêt personnel.

« Pour ce garçon passionné par la technique médicale et dépourvu d'une qualité si importante dans la pratique de la médecine — l'intuition —, j'étais une souris blanche, un animal de laboratoire. Une souris blanche ne pense pas, ne fait pas part de ce qu'elle ressent.

Pour la première fois, elle s'exprima avec quelque colère :

— On vous soumet à une infantilisation qui réduit à néant le concours que vous pourriez apporter aux médecins et à votre guérison.

Elle reprit avec calme :

— Mais le pire est l'absence d'information. Je vais vous faire une confidence. Puisque à l'hôpital je ne parvenais pas à obtenir d'explications et d'éventuels commentaires sur les bilans réguliers auxquels on procédait, rentrée chez moi, je les faisais parfois refaire par un laboratoire proche où l'on me connaît depuis de nombreuses années. Là, avec calme et franchise, on me donnait les explications dont j'avais besoin et qui, même si elles étaient de nature à m'inquiéter, m'aidaient à résister infiniment mieux que l'ignorance dans laquelle on me tenait à l'hôpital.

« Par ailleurs, il m'est arrivé de rentrer en ambulance là où j'étais hospitalisée après des examens dans un autre hôpital. La jeune femme qui m'accompagnait sortait de la voiture, allait déposer mon dossier au secrétariat, refusant que je le fasse moi-même, et repartait.

« — Je n'ai pas le droit de vous le confier, me disait-elle. C'est tout à fait inepte dans votre cas, mais c'est ainsi.

« Moi je trouvais cela humiliant, frustrant et surtout absurde, car je savais exactement pour quelle maladie on me traitait.

« Ce parti pris de non-information est un dogme appliqué sans nuances prétendument pour protéger le malade. En vérité, c'est une interprétation erronée du secret médical dont l'objet n'est nullement de priver le patient d'informations auxquelles il a droit, mais de le préserver des indiscrétions d'autrui.

« Quand il s'agit de protéger un malade de ses propres angoisses, lui cacher son dossier ne peut que l'inquiéter davantage. Nous savons bien qu'avec du temps et du tact on peut faire passer les messages les plus délicats.

« Mais puisque les médecins font parfois preuve d'un tel souci de leurs patients, peut-être faudrait-il qu'ils appliquent cette même réserve à eux-mêmes.

« Dans un hôpital, on ne répond pas volontiers à vos questions, mais ce que peuvent dire des médecins entre eux devant vous — vous concernant — est proprement ahurissant.

« Il faut prendre garde aux mots qu'on lance ainsi à la cantonade. Quand on est malade, on les reçoit « cinq sur cinq » et on s'en empare pour en faire des raisons d'espoir ou de désespérance.

« Autre agissement choquant qui, dit-on, tend à disparaître : selon les mœurs médicales en cours il y a quelques années — et, quoi qu'on dise, aujourd'hui encore —, il n'est pas rare qu'un médecin s'adressant à un confrère **à votre sujet** vous remette une enveloppe cachetée, vous dissimulant ainsi le contenu de sa lettre. Le patient est traité comme un objet entre deux sujets pensants. C'est d'autant plus saugrenu qu'il peut ouvrir la lettre (les audacieux le font courageusement avec un coupe-papier, les craintifs furtivement à la vapeur), et, si danger il y a de connaître la vérité, il n'est donc nullement conjuré.

« Il serait utile de réfléchir au partage des responsabilités avec le patient, mais cela nécessite de l'informer, ce qui requiert beaucoup de temps et de compétence. Pourtant, certains médecins savent le faire avec une profonde humanité.

Il y eut un long débat entre nous, qui se poursuivit après le départ de notre amie. Chacun exprima son opinion quant à son comportement. Elles divergeaient, allant de l'admiration pour sa lucidité et son courage aux doutes quant à son « inconscience ».

La réaction du médecin fut des plus inattendues. Il nous dit :

— Je peux comprendre cette femme, ce sont les « emmerdeurs » qui s'en sortent, entendez par là ceux qui refusent la passivité. Il semble que les contestataires, les révoltés gagnent plus souvent que les autres. Certains confrères américains disent qu'ils ont *un système immunitaire actif*. Votre amie se remet sur pied avec les moyens qui lui conviennent, mais faut-il au moins qu'elle fasse des contrôles, elle ne peut abandonner toute surveillance technique comme elle le dit.

Je m'interdisais, quant à moi, d'exprimer un avis sur la pertinence de son choix, car je savais qu'une telle décision, outre les raisons qu'elle nous avaient données, avait sûrement des racines beaucoup plus lointaines et était fondée sur des exigences autres que strictement médicales.

J'attendais d'en savoir davantage. J'étais, en effet, très intéressée par cette rupture car, à supposer même que le comportement de cette femme ne soit qu'une insoumission provisoire et salvatrice, je le considérais comme une vraie rupture.

Il en avait les caractéristiques : briser une continuité, remettre en cause une organisation, quitter les territoires officiels et entrer en clandestinité. Mon intérêt était d'autant plus vif que cette rupture s'inscrivait dans la perspective que j'avais choisie : la rupture comme force de vie.

Rompre, c'est résister. Elle avait rejeté un système qu'elle ne supportait plus, et ce rejet que lui avaient dicté son corps et sa conscience comme la voie la meilleure vers la guérison était une rupture pour vivre et non pour mourir. On ne se révolte pas s'il n'y a rien en soi à préserver.

Avec l'accord de nos amis communs, je lui demandai un rendez-vous.

Elle me reçut dans un appartement encombré de cartons car, me dit-elle, elle déménageait quelques jours plus tard.

Cela m'enchanta, car certains déménagements sont aussi de judicieuses ruptures avec le passé et, dans son cas, créer un nouveau lieu d'habitation était tourner le dos à la maladie et parier sur l'avenir.

Elle me dit :

— Regardez cet article paru ce matin dans un quotidien. Il s'agit du compte rendu d'une conférence : « Le patient idéal est un patient informé », organisée dans un grand hôpital privé de Paris par Présence (Association d'aide et d'information aux malades du cancer et de leur famille).

« Ces associations pour informer le patient sur sa maladie — en relation avec les hôpitaux — sont des milliers aux États-Unis mais aussi en Angleterre et en Allemagne. J'espère qu'elles vont se développer en France où le besoin est grand.

Elle me lut, extrait de ce même article, le témoignage d'une malade qui lui rappelait ses propres expériences :

« — Je ne peux parler à mon médecin traitant, il n'a pas le temps. Quand je vais voir mon cancérologue, je note les questions avant de le voir. Mais il me fait peur ou alors il est trop pressé. En tout cas, je ressors chaque fois avec les questions que je n'ai pas posées. »

À ma demande, elle en revint à sa propre histoire :

— Je ne pouvais supporter l'idée d'une dépendance aveugle à l'autoritarisme de certains médecins, de ne pas participer au combat pour ma guérison, faute de communiquer avec ces médecins.

« Parce qu'ils n'ont pas le temps, parce qu'ils sont eux-mêmes angoissés (ah ! l'angoisse de mort de certains médecins ! L'effet boomerang de cette angoisse sur les malades !), ils ne parviennent pas à établir une relation juste avec leurs patients fondée sur la vérité, j'allais dire sur l'égalité. C'est une relation en porte à faux qui favorise l'anxiété.

« À l'issue de mon dernier séjour de l'hôpital, on m'a dit : « Retapez-vous » sans me préciser comment.

« Pour me « retaper », j'ai choisi d'être suivie par quelqu'un qui ne fait pas partie de l'*establishment* médical.

« Quelqu'un de savant qui a compris ma maladie et comment on l'a traitée, qui s'est beaucoup intéressé à tout ce qui est arrivé à mon corps depuis toujours, qui ne me promet rien et, sans optimisme excessif, m'explique des choses que je comprends ; qui m'aide à ne pas diluer mon énergie dans l'attente et l'anxiété mais à en faire bon usage, et qui me donne ce qu'attend tout malade : de la compassion, je veux dire l'écoute et le partage de mes inquiétudes.

« Je vais vous confier ceci : je n'ai pas eu de mal à me décider. Il était évident que j'allais prendre cette décision.

— Pourquoi une telle évidence ?

Alors, elle m'expliqua :

Dès la petite l'enfance, on lui avait appris à résister à la paresse, à la faiblesse. Elle avait eu une éducation, disait-elle, du style « marche ou crève ».

À seize ans, sa mère disparue, et elle avait dû s'occuper seule de sa sœur et d'elle-même.

— Je suis quelqu'un d'excessivement — aux deux sens du terme — responsable. Des responsabilités, les libéralités de la vie et ses avatars m'en ont fourni sans lésiner et, le temps passant, peut-être y ai-je pris goût. Chef de famille à seize ans, comment voulez-vous qu'à plus de soixante-cinq ans je puisse accepter d'être passive ?

« Enfin, et c'est le plus important, l'insoumission a toujours été pour moi salvatrice, c'est l'un de mes outils de survie. Je sais me révolter à bon escient.

De ses révoltes, elle me parla longuement et avec une sorte de jubilation qui me rappelait les paroles d'une autre femme affirmant que la révolte apporte une jouissance que, dans notre monde moderne, nous n'assumons pas volontiers.

Elle me dit :

— On ne décide pas de se révolter. La révolte est une impulsion. Elle monte en vous et vous fait prendre conscience de votre état d'insatisfaction et des décisions à prendre. Elle libère les mécontentements et par là même les révèle. Ensuite, elle vous donne l'énergie de les régler. C'est, en tout cas, ainsi que je la vis.

Rupture et révolte, nous en parlâmes longtemps, et elle me redit combien elle était heureuse d'avoir mis fin à une relation de dépendance qui l'annihilait.

Quelque temps après, nos amis communs m'interrogèrent.

— Alors, dirent-ils, comme s'il s'agissait d'une énigme dont je possédais la clé, a-t-elle l'intention de faire les vérifications habituelles après le lourd traitement qu'elle a subi ? Quelques mois ont passé et sa famille constate qu'elle va de mieux en mieux, mais elle s'inquiète qu'elle ne fasse pas ces contrôles. Qu'en pensez-vous ?

N'ayant pas de responsabilité familiale vis-à-vis d'elle, je n'avais pas à me placer dans une perspective morale et encore moins médicale, mais du seul point vue de la révolte sur laquelle elle avait tant insisté comme moyen de survie.

L'important, me semblait-il, était qu'elle ait accompli cette révolte. Son corps et son psychisme en avaient bénéficié.

La révolte, disait Albert Camus[1], *fracture l'être et l'aide à déborder. À la source de la révolte il y a un principe d'activité surabondante et d'énergie.*

De son propre témoignage, c'est vraiment ce qui était arrivé à cette femme. La révolte avait libéré en elle des forces de vie, et je ne voyais pas en quoi faire des contrôles à intervalles raisonnables était un frein ou une trahison à la révolte qu'elle avait accomplie Au contraire, ne pas les faire serait priver cette révolte d'informations utiles.

Mais je savais que ce n'était pas si simple. Certains êtres ont une redoutable mémoire du corps qui leur interdit de retrouver les lieux où ils ont souffert. On appelle cela névrose traumatique.

Je répondis à mes amis que mon travail sur la rupture m'avait appris à avoir la plus grande confiance en ceux qui ont la faculté de rompre pour vivre.

On n'accomplit pas de telles ruptures si quelque chose d'essentiel en soi n'est pas en jeu. Quand un être — dans

1. *L'Homme révolté*, Gallimard, 1985.

quelque domaine que ce soit — a un sursaut aussi fort que celui qu'avait eu cette femme pour guérir, il n'abandonne pas la partie. Son sens de la vie lui dicte les bonnes décisions.

Troisième partie

COMMENT ROMPT-ON ?

CHAPITRE V

Les modalités de la rupture

Constat

On ne peut traiter le thème de la rupture sans s'intéresser — quand il s'agit d'une rupture avec autrui — à la manière de rompre.

Dans la perspective qui est la nôtre : la rupture comme force de renouvellement, la manière dont on rompt n'est pas sans conséquences sur la réussite de la rupture. Une rupture aboutie ne laisse pas place aux zones d'ombre, à l'ambiguïté, aux malentendus.

Le moment de la rupture, singulièrement s'il s'agit de ruptures amoureuses, a apporté à la littérature quelques-unes de ses pages les plus émouvantes et au théâtre parmi ses scènes les plus burlesques, car toutes les données sont réunies pour en faire un moment fort d'une existence : surprise, colère, haine, désespoir, mépris, dérision, amour, compréhension.

Dans la vie comme dans la littérature, annoncer une rupture est une démarche complexe, un moment périlleux.

La manière de rompre est tout à fait personnelle, elle dépend de la nature de chacun, des raisons mêmes de la rupture, mais c'est aussi un acte culturel et on ne rompt pas en Chine comme on rompt en Italie.

Les Chinois expliquent que dans une rupture — qu'il s'agisse d'amour ou d'affaires — la forme est d'une extrême importance. Il convient de respecter des règles précises, faute de quoi la réputation de celui qui rompt serait gravement compromise. On prévient avec beaucoup d'égards celui ou celle dont on se sépare, et cette mission est souvent remplie par un intermédiaire, un membre de la famille s'il s'agit d'une rupture affective.

Un Britannique m'a dit :

— Vous connaissez notre devise : *« Never complain, never explain. »* Elle est particulièrement efficace pour mener à bien une rupture. En aucun cas ne se laisser aller à expliquer quoi que ce soit, surtout si on est de mauvaise foi. Affective ou politique, la rupture doit être inflexible et économe.

« Never complain, never explain » n'est pas précisément la caractéristique majeure des ruptures latines. J'ai eu le privilège d'assister sinon à des ruptures, du moins à des préruptures à l'italienne. Ces gens-là, même dans leurs plus sincères souffrances, ont un sens admirable de la dramaturgie. Que mes amis me pardonnent, mais ce sont vraiment de bons moments pour un observateur bienveillant, singulièrement à l'instant où, dans leur élan, ils dépassent leur propre réalité et, ne pouvant revenir en arrière, entrent dans le monde de la représentation. En le sachant.

Lorsque j'ai posé, séparément, à deux Français vivant en Russie la question de la rupture, ils ont eu le même geste, ils ont levé les bras vers le ciel et les yeux aussi. Ils sont fous de la Russie et la Russie les rend fous.

Ils m'ont dit avec une certaine irritation :

— Pour rompre, faut-il encore avoir un contrat sous une forme ou une autre, notion qu'ignorent totalement les Russes. En Russie, on rompt — si ce mot a la moindre signification — *avant* le supposé contrat, *en lieu et place* de ce qui aurait pu être un contrat, *après* ce qu'on avait cru être un contrat. Votre question n'a pas de sens.

Comment les Français rompent-ils ? L'observation montre que nos compatriotes pratiquent la rupture selon trois modes :

En premier lieu, la parole.

Quand on est parvenu à la décision d'une vraie rupture après un long travail intérieur, on a généralement acquis assez de maturité pour l'annoncer à l'autre avec la fermeté et la clarté nécessaires.

Je ne crois pas qu'il soit possible de rompre vraiment sans passer par cet échange, minute de vérité s'il en est pour la « victime », mais aussi pour celui qui rompt. Il est utile qu'il soit confronté à la défense de l'autre, à ses reproches, à ses accusations qui ajoutent leur poids à la rupture qu'il a décidée. Puisque lui aussi doit faire un travail de deuil, autant qu'il soit le plus élaboré possible, car rompre avec quelqu'un c'est aussi être abandonné par lui, c'est perdre la part de soi-même qu'on a mise en lui.

Aller ainsi au bout des choses, aux confins d'une relation, donne une netteté à la rupture qui évite le doute cruel exprimé si souvent : « Je ne sais même pas pourquoi il a rompu. »

Pour avoir une chance de recommencer sa vie, il est important de prendre congé du passé. La rupture n'existe qu'après l'acte de rompre. On n'a pas rompu tant qu'on ne l'a pas déclaré à l'autre.

Les Français aiment la rhétorique et comme, d'autre part, ils se placent volontiers dans une perspective historique (« Veux-tu me dire qui a commencé ? »), il serait injuste de reprocher à leurs discours de rupture de n'être pas argumentés.

Avoir recours à la parole, à l'explication pour annoncer une rupture n'est pas la seule pratique. On peut rompre non par la parole, mais par un acte.

Quand on n'a pas la capacité — le courage — d'aborder le sujet, on a recours à des signes plus ou moins explicites.

Rien ne vaut les faits. Les épouses qui trouvent la maîtresse de leur mari dans leur lit, voilà une situation qui n'est pas réservée au vaudeville. Un tel acte, à n'en pas douter, « décante » efficacement les choses. Il peut déclencher une rupture brutale et sans paroles, ou amorcer l'explication.

Ce genre d'épisode est rarement un accident. Ceux qui l'ont perpétré avouent longtemps après qu'au fond ils l'avaient fait exprès.

Quelqu'un m'a raconté que seul le retard du train par lequel arrivait son épouse aurait pu éviter la rencontre fatale, que plus ou moins consciemment il avait attendu l'heure limite pour se séparer de son amie, tellement limite que la femme était arrivée « à temps », ce qu'il souhaitait tout en le redoutant.

Certains de ceux qui ne se résolvent pas à parler compensent leur silence par une grande ingéniosité à créer des signes qui deviennent de véritables appels au secours : « Tu vois bien que je te trompe ! » Mais lorsque celui auquel s'adressent ces messages ne veut pas voir… Au muet répond le non-voyant et cette situation tragicoburlesque peut durer fort longtemps.

Enfin, on peut rompre par omission — par forfait disent les sportifs —, c'est-à-dire en disparaissant purement et simplement. Beaucoup plus d'hommes qu'on ne le croit, et quelques rares femmes, descendent définitivement acheter des allumettes ou des cigarettes « au seul bureau de tabac encore ouvert à cette heure-ci ».

Y a-t-il eu fuite ou rupture ? Il y a absence mais certainement pas rupture. Pour rompre, il faut avoir fait ses adieux.

Il n'est pas rare que ceux qui se sont ainsi éclipsés reviennent tout aussi silencieusement trois mois ou trois ans après quand ils ont enfin trouvé une arme pour rompre et qu'ils peuvent justifier leur rupture.

Pourquoi les femmes agissent-elles plus rarement de la sorte ? Pour des raisons liées à leur éducation, leur psychologie, leur histoire. Au dernier moment, elles ont des difficultés à abandonner leurs enfants alors qu'ils ne se sont pas encore brossé les dents, que la machine à laver tourne et que la femme de ménage n'a pas été réglée.

Les femmes sont ainsi faites que leur sens des responsabilités pratiques les contraint plutôt, à tort ou à raison, à organiser leurs ruptures.

Pour mémoire, j'ajoute à ces trois modes de rupture le plus indigne scénario qui soit : l'intervention d'une tierce personne. Parmi les histoires de rupture, l'une des plus impitoyables est celle d'*Adolphe* de Benjamin Constant.

Adolphe prenait son temps — par délicatesse et par lâcheté — pour préparer Ellénore, sa maîtresse passionnée, à une définitive séparation. Une tierce personne, de son propre chef, s'en chargea et Adolphe de constater : *« J'entrai dans la chambre d'Ellénore* (en proie au délire) *et je vis au pied de son lit deux lettres. L'une était la mienne au baron de T, l'autre était de lui-même à Ellénore. Elle avait lu, tracées de ma main, mes promesses de l'abandonner. »*

Les trois modes de rupture que j'évoquais, s'ils sont brillamment illustrés par les ruptures amoureuses, sont assez significatifs des ruptures en général.

Il y a les ruptures de l'homme politique qui conteste le discours dominant de son groupe et s'exprime abondamment dans les media sur les raisons de sa rupture. Discours de propagande, discours politique, discours militant.

Il y a les grandes ruptures de l'Histoire. Le général de Gaulle a hissé très haut l'art de rompre. Nul besoin d'explications. Qu'il s'agisse de son passage en Angleterre : le bref appel du 18 juin, ou de son départ des affaires : trois phrases et plus jamais on ne l'entendit.

Il est aussi de plus ordinaires ruptures, de médiocres fuites.

Dans une entreprise, dans une institution, dans les milieux politiques ou dans les media, quiconque a une once de pouvoir est exposé à ces ruptures sans gloire. Chacun sait, dans l'entourage de X, qu'il est potentiellement « viré », sauf l'intéressé qui l'apprend par hasard.

Je ne connais pas le monde de la télévision, mais combien de fois ai-je lu dans les journaux des déclarations de journalistes ou de dirigeants importants affirmant qu'ils avaient appris leur licenciement par la presse.

Nous touchons là à l'étrange relation entre celui qui rompt et celui qui est rompu. Nous allons l'aborder dans le chapitre suivant, mais auparavant la convergence des faits observée depuis le début de notre travail sur la rupture nous mène à nous interroger sur les modes de rupture des hommes et des femmes.

Les hommes et les femmes

Les femmes et les hommes rompent-ils de la même façon ?

Leurs comportements respectifs indiquent que non.

Lorsqu'elles rompent, les femmes ont davantage recours à la parole. Elles expliquent, justifient, questionnent. Mais, surtout, à y regarder de près, **ce sont elles qui rompent**.

Les statistiques sont sans ambiguïté : aujourd'hui, dans trois divorces sur quatre, c'est la femme qui a pris l'initiative de la rupture.

Que leur décision repose sur leur bon plaisir ou qu'elles y soient contraintes par le comportement de leur mari — son infidélité par exemple —, elles ne le font sans doute pas avec légèreté mais elles le font.

Dans *Émile*, J.-J. Rousseau écrit : *« La femme et l'homme sont faits l'un pour l'autre, mais leur mutuelle dépendance n'est pas égale (...) Elles dépendent de nos sentiments, du prix que nous mettons à leur mérite, du cas que nous faisons de leurs charmes et de leurs vertus. »*

Aussi irritant que puisse être ce point de vue pour nous femmes de la fin du XXe siècle, il convient d'admettre que, si nous ne dépendons plus de l'argent ou du pouvoir des hommes, nous dépendons toujours de leurs sentiments à notre égard, aucun féminisme n'y peut rien.

Et pourtant, nous rompons.

Il y a là matière à s'interroger. Les femmes sont censées avoir davantage besoin de protection, de sécurité, de tendresse que les hommes. Outre ce profond besoin affectif, elles ont maintes raisons de ne pas rompre.

Béatrice Majnoni d'Intignano[1] indique qu'après le divorce leur niveau de vie diminue infiniment plus que celui des hommes : de – 67 % en moyenne alors que celui des hommes augmente de + 14 %.

Elles partent généralement avec leurs enfants, ce qui limite leur liberté et multiplie leurs contraintes matérielles et psychologiques. Elles doivent travailler davantage et consacrer une part plus importante de leurs

1. *Femmes, si vous saviez...*, de Fallois, 1996.

ressources à la nourriture, au logement et restreindre le budget qu'elles attribuaient aux loisirs.

Toujours selon Béatrice Majnoni d'Intignano, elles mettent environ dix années pour retrouver la situation sociale dont elles bénéficiaient au moment de la séparation.

En outre, elles ont moins de chances de se remarier, 54 % contre 68 % pour les hommes.

Alors, pourquoi rompent-elles davantage que les hommes ?

Elles ont acquis leur indépendance économique, ont pris goût à la liberté et savent qu'il est meilleur pour leurs enfants de vivre avec une mère sereine que dans un couple en conflit.

Ces raisons, si réelles, si logiques, ne suffisent pourtant pas à expliquer les ruptures féminines. Il semble qu'il y ait chez les femmes, par leur nature et leur éducation, une aptitude particulière à la rupture.

D'abord, elles font l'expérience physiologique précoce de la rupture puisque leur corps, vers la douzième année, vit de profondes transformations. Des ruptures tangibles, visibles, qui se manifestent par le sang, symbole de la rupture. Quelques années plus tard, c'est l'enfantement, rupture d'importance à tous égards, physiologique, mentale, affective.

Ces ruptures, inscrites à jamais dans le corps des femmes et leur esprit, leur ont donné — sans qu'elles en soient nécessairement conscientes — une profonde expérience de la séparation avec une partie d'elles-mêmes.

Une autre raison à l'aptitude des femmes à rompre est l'héritage collectif qu'elles ont reçu d'une longue lignée de femmes, et parfois l'héritage personnel de leurs mères ou grands-mères.

Dans nombre de familles de tous milieux, on raconte des fractures, des renoncements, des déchirements :

« Mon arrière-grand-mère qui était une bonne élève a été retirée de l'école à douze ans pour travailler et permettre à ses frères de continuer à apprendre. »

« Une femme de ma famille née en 1900 a quitté la maison à dix-huit ans parce qu'on lui refusait de faire des études supérieures. En province — elle habitait Nantes qui n'est pas un village — cela ne se fait pas, disait-on. Pour gagner sa vie, elle travailla comme dactylo chez un armateur puis devint surveillante dans une institution religieuse. Rupture avec sa famille, rupture avec son milieu, elle devint enseignante. Dans la société des années 1920, ce genre de rupture avait un autre poids qu'aujourd'hui et pouvait mener à de très graves déclassements. »

« Ma grand-mère a obtenu de commencer ses études de médecine mais, au bout de trois années, sa famille, inquiète de la passion qu'elle y mettait, l'a mariée et elle a eu deux enfants en deux ans. Elle n'est jamais parvenue à surmonter cette injustice et sa vie en a été gravement affectée, car ce fut une rupture avec une vocation, la destruction de l'idéal de vie qu'elle s'était choisi. »

L'éducation des filles, aussi libérale soit-elle aujourd'hui, est porteuse d'autres valeurs que celles données aux garçons.

Les mères des hommes — et leurs pères — leur donnent le sens de ce qui est fort, résistant, ferme, aussi inébranlable que possible. Avec des valeurs d'adaptation, de souplesse, de compréhension, que nous nous efforçons d'inculquer à nos filles, sans doute leur transmettons-nous aussi nos propres doutes.

D'où viennent ces interrogations qu'ont si souvent les femmes sur leur capacité à réaliser ce qu'attendent d'elles les hommes, leurs enfants, la société ; sur leur féminité ?

Quand il m'arrive de lire dans la presse des déclarations de femmes parmi les plus séduisantes, artistes talentueuses et admirées, je suis touchée d'y déceler souvent une absence de confiance en elles-mêmes, un doute quant à leur propre pouvoir de séduction, le sens de l'éphémère.

Celles à qui j'ai posé la question me disent que ce doute est ancré au plus profond d'elles-mêmes, que la réussite l'apaise, mais qu'aucun succès n'en viendra jamais à bout et qu'il existe bien au-delà de l'insécurité de leur métier.

Peut-être est-ce ce doute profond, ce sens du provisoire, le fait que la rupture pour elles est à tout moment possible qui donnent aux femmes cette capacité singulière à rompre et souvent cette dureté car, leur décision prise, elles ne sont certes pas tendres.

Des faits nombreux — et leurs propres déclarations — manifestent qu'une certaine disposition à la rupture n'est pas dans la nature des hommes. Les statistiques concernant leurs ruptures amicales, familiales ou professionnelles ne doivent pas être très éloignées de celles concernant leurs demandes de divorce. Les hommes rompent moins aisément que les femmes.

L'un d'eux — qui connaît bien le sujet — m'a fait remarquer que les qualités d'organisation et le talent de gestion des complications dont sont capables des hommes pour n'avoir pas à accomplir une rupture sont, dans certains cas, proprement stupéfiants.

L'un de ces « cas » illustre bien cette remarque : homme marié entretenant pendant des années une relation régulière avec une femme dont il a un enfant et parvenant à tenir son épouse et ses autres enfants dans l'ignorance la plus complète de cette seconde famille.

Il semble, en effet, que beaucoup d'hommes n'établissent pas, spontanément, de rapport de cause à effet entre changer de femme et rompre. Pour les femmes, ce rapport est aveuglant : « Tu choisis entre elle et moi. »

Alors, comment les femmes rompent-elles et comment rompent les hommes ?

Toutes les Irlandaises ne sont pas rousses et toutes les Françaises ne guettent pas la moindre occasion de rupture pour l'accomplir impitoyablement.

Tous les Français — pour ne pas avoir à affronter les modalités d'une rupture — ne sont pas des dissimulateurs, des déserteurs ou des muets.

Cependant, en faisant la part de la caricature et si on tient compte du fait qu'une « scène » de rupture ne révèle pas ce qu'il y a de meilleur en chacun de nous mais plutôt ce qu'il y a de pire, le schéma selon lequel les femmes rompent plutôt nettement, plutôt rapidement, plutôt sans discrétion et plutôt sans pitié n'est pas inexact.

Pas plus qu'il n'est inexact de dire que les hommes rompent davantage dans l'ambiguïté — moins nettement, moins rapidement, moins explicitement que les femmes —, laissant souvent les actes parler à leur place.

Des femmes m'ont confié leur peine, leur désarroi, leur culpabilité face à une rupture, parfois leur souci de revanche et même de vengeance, mais pas une n'a insisté sur leur « panique » à l'idée de rompre.

Les hommes de bonne foi que j'ai interrogés m'ont dit leur horreur des ruptures, qu'ils les initient ou les subissent : « J'ai une répugnance absolue pour la rupture », « Ne me parlez pas de rupture vous me rendez malade », « Si j'étais capable de rompre, je vous assure que j'aurais eu une autre vie », « Ce fut le pire moment de ma vie. »

Et les uns et les autres de me raconter :

Une lettre d'amour

— Je vais vous montrer une lettre de rupture, une lettre que j'ai écrite à ma femme. Lisez-la.

— C'est une lettre d'amour.

— Vous ne savez pas lire ? Vous voyez bien que je lui explique que je romps avec elle.

— Je ne vois pas. Où lui dites-vous que vous rompez ? Vous ne lui parlez que du bonheur qu'elle vous a donné.

Il examine la lettre.

— Peut-être, en effet, n'est-ce pas aussi net que je le croyais dans ma tête. C'est pour la préparer.

Délicatesse

Deux ans d'une liaison amoureuse réussie. Vingt-trois ans de mariage. Depuis des mois et des mois, il dit qu'il va quitter sa femme. Sa maîtresse, de son côté, est fermement décidée à quitter son mari.

Un jour, enfin, il nous annonce la grande nouvelle

— J'ai prévenu ma femme.

— Votre amie doit être follement heureuse.

— Elle ne le sait pas.

— Depuis huit jours, vous ne lui avez rien dit ?

— Je ne le lui ai pas dit car ce serait faire pression sur elle. Vous savez, ce fut un moment terrible, ma femme a énormément souffert. J'attends un peu qu'elle s'habitue.

Cela s'est passé il y a deux ans. À ce jour il n'a pas quitté son épouse.

Les derniers moments

Ils partent en vacances tôt le lendemain matin. Son mari a rangé sa valise avec la sienne dans le coffre de la voiture.

Six heures et demie du matin. Elle est prête.

Il remonte sa valise.

— Que se passe-t-il ? On ne part plus ?

— Je n'ai pas eu le courage de te prévenir plus tôt. Je pars seul.

Délivrance

— Personne n'a été autant trompée que moi, nous disait-elle. Pendant des heures, des mois, des années, je lui ai parlé, parlé. J'ai fait des reproches, des menaces, des tentatives de réconciliation. J'ai tenté de comprendre, d'accepter. Sa seule réponse : « Je ne vois pas d'inconvénient à ce que tu en fasses autant. »

« J'ai gâché ma vie à l'interroger sur ses maîtresses. Je ne m'y habitue pas. Quand le plus jeune de nos enfants aura dix-sept ans, je partirai.

Vingt années de mariage. Nous ne la croyions pas.

Pendant les vacances de Noël 1993, les enfants étaient aux sports d'hiver. Il est rentré de ses consultations et, à peine franchi le seuil, il lui a semblé que la maison résonnait étrangement. Chaque pièce était vide, absolument vide, totalement vide, hormis son cabinet.

Pas un meuble, pas un appareil ménager, pas un livre, pas un tableau, pas un bibelot, pas un papier de famille.

Il trouva une lettre.

« Yann a dix-sept ans. Je m'étais fixé cette date pour te quitter. J'ai patienté toutes ces années et, sans jamais oublier, j'ai coché chaque jour sur le calendrier comme un jour de délivrance. J'espère que tu vas souffrir autant que j'ai souffert. »

Il raconta qu'elle avait « oublié » le caméscope et les films des jours heureux et qu'inlassablement, dans son appartement vide, il se torturait chaque soir à les passer et les repasser juqu'au jour où il accepta de faire le deuil de sa rancune et de ses propres erreurs.

L'organisatrice

— Eh bien, j'aurais préféré trouver la maison vide mais ce n'était pas le genre de ma femme. Nous avions décidé de nous quitter. Elle avait loué un appartement non loin pour que je puisse voir facilement nos enfants. La séparation se présentait bien.

« Malheureusement, elle a entrepris de ranger, trier, partager, étiqueter nos biens communs avec une honnêté obsessionnelle. La maison ressemblait à une boutique dont on fait l'inventaire. Des listes à deux colonnes (*à toi, à moi*) étaient épinglées aux murs de chaque pièce, déposées dans les tiroirs (*je prends le livret de famille*), des bouts de papier accrochés partout, y compris à mes vêtements (*tous les deux mois au pressing*) et sur le tuyau de la gazinière (*attention, à changer en décembre*). Elle agissait ainsi par scrupule, mais moi, pendant trois semaines, j'ai eu l'impression qu'elle disséquait, déchirait, déchiquetait dix années de vie commune. Cette autopsie de notre vie de famille et de notre intimité de couple n'a certes pas été étrangère à la dépression que j'ai faite peu de temps après.

Ruptures selon les hommes, ruptures selon les femmes. Les acteurs de ces moments de rupture sont-ils interchangeables ? L'acteur d'une *Lettre d'amour* ou de *Délicatesse* peut-il être une personne du sexe féminin ? L'acteur de *Délivrance* peut-il être un homme ? À chacun d'en juger.

CHAPITRE VI

L'étrange relation de celui qui rompt et du « rompu »

Le premier mouvement de quiconque apprend une rupture est de blâmer celui qui rompt et de plaindre celui qui en est la victime. Les rôles sont distribués d'avance, preuve supplémentaire, s'il en était besoin, de la mauvaise réputation de la rupture dans notre société. Celui qui rompt a toujours le mauvais rôle.

Le mot *rupteur* n'existe pas sauf dans le domaine de l'électricité et c'est dommage, car sa brutalité conviendrait bien au rôle attribué à celui qui rompt.

L'adjectif *rompu* n'est pas non plus employé dans ce cas et c'est également dommage car, lorsqu'on a subi une vraie rupture, rien ne peut mieux décrire l'état dans lequel on se trouve que le terme rompu qui signifie au sens propre : cassé, détruit.

Le cruel « rupteur », le pauvre « rompu », ces rôles ne sont pas vécus de manière aussi nette dans la réalité. La relation entre celui qui rompt et celui qui subit la rupture est d'une grande complexité et, à y regarder de près, l'instigateur de la rupture n'est pas toujours celui qu'on croit.

Lorsque les fils emmêlés d'une rupture en gestation se dénouent et font apparaître la décision de rompre comme une évidence, l'étrange relation entre celui qui rompt et le rompu est mise au jour et réserve bien des surprises aux acteurs mêmes de la rupture.

Étrange relation, en effet.

En même temps que celle vécue par deux êtres en toute clarté, une « relation de rupture » se développe dans le secret et le silence qui finit par éclater quand le conflit entre l'apparence et la réalité, l'explicite et le non-dit provoque une tension trop forte pour être supportée plus longtemps.

Les deux témoignages qui suivent illustrent bien cette relation. Ils ne sont pas exceptionnels. Au-delà de la singularité des personnages et des circonstances de ces histoires particulières, nous avons rencontré plusieurs fois ces situations.

Si l'instigateur de la rupture passe par les étapes que nous avons évoquées dans un chapitre précédent, celui qui, selon toute apparence, en sera la victime fait souvent — en même temps que celui qui veut rompre — un curieux travail intérieur car, même si on ne lui a rien dit, *quelque chose en lui sait*.

Une relation plus ou moins consciente se crée alors autour de cette possible rupture. Un dialogue secret s'instaure entre les partenaires, qui évolue, selon le cas, vers le conflit ou la connivence, vers la prise de parole ou le maintien du silence.

L'histoire qui suit, *« Le silence »*, est à cet égard exemplaire. Elle révèle la silencieuse relation, le dialogue secret dont nous parlions et montre comment le corps, « qui savait », compensa l'absence de parole par son propre langage, celui des symptômes.

Il advient aussi que les ferments d'une rupture soient présents depuis longtemps au sein d'un couple, parfois depuis le début de son existence, et qu'arrive enfin le moment de la séparation, révélée en un instant comme une évidence.

Ce peut être sous l'effet d'une association avec une situation vécue par quelqu'un d'autre dans la vie ou dans la fiction — un livre ou un film —, ce peut être grâce à une rencontre ou au choc d'un voyage.

Ceux qui ont eu la chance de vivre ce moment, généralement après un interminable et morne chemin vers la rupture, me l'ont décrit comme un instant surprenant, magique m'ont dit certains. C'est ce que raconte *« Brasilia »*.

Les deux témoignages qui précèdent font état de ruptures qui ont longuement mûri. La force du silence, pendant tout le temps de leur gestation, et la brutalité avec laquelle elles furent révélées leur confèrent une densité particulière dont n'est pas exclue la cruauté.

Il est des ruptures plus légères mais également surprenantes, ce sont les cas évoqués dans *« Mariages »*.

Bien qu'elles soient plus banales qu'on le croit, elles provoquent toujours un effet de surprise en même temps qu'une certaine fascination pour l'entourage des acteurs de la rupture, et elles ont leur place dans ce chapitre consacré à l'étrange relation entre celui qui rompt et le rompu.

On peut les résumer ainsi : pourquoi la relation réussie d'un couple qui a fait ses preuves durant des années se termine-t-elle par une rupture — souvent rapide, brutale et tout à fait incompréhensible — aussitôt après que les deux partenaires ont décidé de vivre ensemble ?

Le silence

Lorsque les crises de tachycardie commencèrent en mai de cette année-là, aussi lucide fût-elle quant à leur origine psychosomatique, elle n'écarta pas l'hypothèse d'un infarctus.

Elles avaient lieu généralement la nuit, au moment où le sommeil vient. Quand elle les sentait approcher, elle essayait de tenir son compagnon éveillé le plus longtemps possible, mais il finissait par s'endormir et, plus angoissée encore par l'abandon où il la laissait, elle tentait de lutter contre le désordre des battements de son cœur.

Quand les crises se poursuivirent à intervalles de plus en plus rapprochés, l'infarctus devint pour elle, en dépit de toute vraisemblance — quatre électrocardiogrammes normaux en deux mois —, une sérieuse probabilité.

Elle allait de médecin en médecin mais, comme elle était honteuse de prendre à nouveau rendez-vous chez ceux qui, cédant à son insistance, lui avaient déjà prescrit des examens qui s'avéraient normaux, elle en changeait chaque fois, élargissant ainsi son champ d'action à d'autres quartiers.

Elle multiplia les bilans mais elle se sentait de plus en plus mal, les crises s'aggravaient et chaque fois elle pensait mourir.

Quatre mois après, son compagnon la quittait et les malaises cessèrent immédiatement. Ils n'avaient plus de raison d'être, ce qu'elle redoutait et attendait était arrivé. Son corps avait su la rupture avant elle.

Pourtant, quand elle eut lieu, malgré une souffrance abominable — « j'ai explosé en mille morceaux », dit-elle —, elle débusqua avec stupéfaction au plus profond d'elle-même un souvenir, le souhait de cette rupture : un soir, au moment de pénétrer dans l'impasse qu'ils habitaient — un an avant peut-être —, elle avait pensé : « Il faut qu'il me quitte car, moi, je n'en aurai pas le courage. »

Pourquoi ? Elle aurait été incapable de le dire. C'était ainsi. Il y avait là une sorte de nécessité.

Au moment où cette idée de séparation lui avait traversé l'esprit, ils n'avaient jamais paru aussi heureux et c'est vrai qu'ils l'étaient. Leurs amis prétendaient qu'après avoir passé un dimanche chez eux vingt-quatre heures étaient nécessaires pour s'en remettre.

Rassasiés, apaisés, « bienheureux », il leur était pénible de quitter la très petite maison et son clos qu'au printemps recouvraient presque complètement les branchages des mimosas, la musique, la lumière, les deux chiens tendres, les bonnes choses à manger sur la table.

Ils apportaient aux autres une image radieuse de la vie à deux. Quiconque les avait vus le soir, étendus sur leur lit devant le poste de télévision, avec leurs deux chiens vautrés sur eux, des paquets de gâteaux secs et de chocolat jonchant l'espace libre, n'en finissant pas de plaisanter, de se faire rire l'un l'autre, pouvait témoigner qu'en ce lieu, à cet instant, le bonheur régnait.

C'était irréel d'imaginer qu'en ces moments de bonheur encore profond quelque chose fissurait doucement leur entente, que naissaient un écart, une différence, peut-être déjà un dissentiment.

Elle se demanda quel travail secret avait été accompli au sein de leur relation, qu'elle avait refusé de voir alors que son inconscient alertait si violemment son corps. Quels doutes, cheminant en lui, en eux, avaient fini par entamer leur quiétude.

Comment agencer dans le temps les faits qui, aujourd'hui, lui revenaient en mémoire, comment être sûre qu'elle ne les reconstituait pas à sa façon pour y trouver quelque soulagement ?

Tout avait commencé, pensait-elle, lorsqu'elle avait perdu le bébé qu'elle attendait.

Très vite — elle était encore à la clinique — elle eut la certitude qu'elle n'aurait jamais d'enfant de lui. Ne pas avoir pu mener cette grossesse à terme était, selon elle, la concrétisation d'une impossibilité inhérente à leur couple, peut-être l'incapacité de créer ensemble quelque chose de durable.

De son côté, il avait dû éprouver un malaise, car il n'avait pas été aussi attentif à elle qu'il aurait pu l'être en cette occasion et elle en avait été peinée. Il avait fui quelque chose, selon toute probabilité les embarras de la vie de couple dont il n'avait jamais pris conscience jusqu'alors.

Pendant cinq ans ils avaient vécu pour se faire plaisir, sans responsabilités, sans contraintes, sans souci de l'avenir. Ils gagnaient leur vie juste pour pouvoir la vivre comme ils l'entendaient, avec leurs amis, leurs musiques, leurs chiens, la bonne cuisine qu'ils faisaient chacun leur tour. Leurs seuls projets d'avenir concernaient des rêves de voyages utopiques, généreux et lointains, qu'ils qualifiaient d'humanitaires.

La jeune femme de notre famille qui me racontait cette histoire, la sienne, me dit :

— Vous saviez bien que nous étions insouciants plus qu'il n'est acceptable de l'être à vingt-cinq ans. Nous avions construit notre vie à deux dans une même difficulté à devenir adulte. Tant que nous avons vécu sans songer à sortir de l'enfance, tout alla bien, mais vint un jour où — même pour des oublieux comme nous des réalités de la vie — l'idée de s'accomplir et de prendre sa place au sein de la société devint une nécessité.

Ils en parlèrent, se firent des promesses qu'ils ne tinrent pas. Chacun était le miroir de l'impuissance de l'autre, il y voyait le reflet de sa propre immaturité.

Puis, un jour, elle décida de passer à l'acte :

— J'ai voulu construire ma vie avec lui sur un mode moins adolescent. J'ai repris mes études de psychologie pour les terminer et entrer sérieusement dans la vie active.

« J'ai essayé de le convaincre d'entreprendre un vrai travail. Il avait un réel talent de journaliste et je l'ai encouragé du mieux que j'ai pu, mais les tentatives que je faisais pour l'aider devaient lui être insupportables, humiliantes.

« Il ne l'a pas supporté, dans l'incapacité où il était lui-même de faire des efforts. Il ne parvenait pas à entrer dans un monde adulte. Il a régressé pour se protéger. Il est sorti de plus en plus souvent avec des copains qui le maintenaient dans l'enfance. Il redevint une sorte de jeune homme.

« Le soir, pendant que je travaillais à mes cours, il allait à des concerts de rock et rentrait de plus en plus tard. Il fit partie d'un groupe de musiciens mais, même pour ce loisir, il ne fut pas capable de persévérance.

« Je cessai de lui parler de la nécessité de changer, de progresser. Notre relation, à n'en pas douter, se modifiait, mais le bonheur d'être ensemble a duré longtemps encore.

Elle me dit qu'après avoir torturé sa mémoire pour tenter de comprendre ce qui s'était passé elle pensait avoir décelé l'instant exact où elle avait « décidé » de rompre, et elle était persuadée qu'à ce même instant il avait pris la même décision.

Ce soir-là, à peine rentré de son bureau et sans même lui laisser le temps de prendre un café, elle lui lut le texte pour lequel elle venait d'obtenir une excellente note à la faculté. Au milieu de sa lecture, elle leva les yeux vers lui et surprit, en un éclair, une telle haine dans son regard qu'elle en fut interdite. À nouveau, l'idée l'effleura qu'il fallait se séparer, qu'ils allaient se séparer. Elle s'était empressée d'oublier cet instant qui lui était revenu en mémoire récemment.

Ce regard, elle le savait aujourd'hui, disait l'écart qui se creusait entre eux, et la rancune. Elle sortait peu à peu de l'immaturité de leur couple tandis qu'il y demeurait. Cela avait dû être intolérable pour lui, cette incapacité à entrer dans la réalité alors qu'elle était en voie d'y parvenir.

Ils ne fréquentaient plus les mêmes personnes, ne voyaient plus guère leurs amis communs, il sortait souvent sans elle, mais ces faits qui étaient des signes graves, elle les percevait à peine dans l'acharnement qu'elle mettait à préparer ses examens. Peut-être ne voulait-elle pas les voir.

Les vacances arrivèrent et, avant de partir, elle sut qu'elle avait réussi tout ce qu'elle avait entrepris.

En s'éloignant de leur ville, de leurs occupations, de leurs amis si différents désormais, ils retrouvèrent leur insouciance. Leurs vacances ressemblèrent à ce qu'elles avaient toujours été.

Mais le dernier jour d'août, après des semaines qui avaient grandement détendu leur relation, il se mit à pleurer silencieusement. Il disait qu'il ne recommencerait pas une année comme celle qu'ils venaient de passer.

Il lui fut impossible d'en savoir plus. Elle le questionna à n'en plus finir. Avec douceur, avec colère.

Elle finit par lui demander :

— M'aimes-tu ?

— Je ne sais pas.

Alors, elle posa la question autrement :

— Tu ne m'aimes plus ?

— Non.

Elle monta dans sa voiture et partit.

L'horrible souffrance ne commença que le lendemain et dura un an. Elle reprit une psychanalyse, travailla aveuglément, mais alors qu'elle s'évanouissait presque de souffrance, qu'elle roulait des heures en voiture pour résister au désir d'appeler l'homme qui l'avait quittée, elle pensait que, malgré tout, cette rupture était nécessaire, qu'elle l'avait voulue, que s'il n'était pas parti elle se serait enlisée longtemps encore dans ce cocon d'enfance qu'ils avaient joyeusement construit pour eux deux.

Ils se téléphonèrent deux fois pour régler des problèmes matériels. Chacun emmena son chien et ils ne se revirent jamais, ou plutôt ils se revirent une fois dans des circonstances qui demeurent l'un des sujets de gaieté dans notre famille.

Quelques mois après leur séparation, elle prit rendez-vous chez son médecin pour lui demander d'arrêter l'antidépresseur qu'elle prenait. Elle allait mieux.

En entrant dans la salle d'attente, elle vit l'homme qui l'avait quittée, attendant son tour. Elle remarqua avec chagrin, et néanmoins une certaine satisfaction, qu'il avait maigri et paraissait mal en point.

Elle fit un pas en arrière, mais une bouffée d'orgueil lui intima l'ordre de rester. Les rendez-vous étaient longs à obtenir et elle n'avait aucune raison de céder la place. Elle entra dans la salle d'attente. Une femme et un enfant attendaient, leur apportant une certaine protection.

Malgré son extrême émotion, elle était heureuse d'être dans la même pièce que lui et, une fois encore, elle admira ses très belles mains.

Le médecin appela son ami. Elle resta seule avec la femme et l'enfant.

Le comique de la situation s'imposait à elle. Cette femme, témoin de leur silence, aurait bien du mal à croire qu'elle avait vécu six ans avec l'homme qui venait de quitter la pièce, qu'elle avait cru mourir de désespoir parce qu'il l'avait abandonnée peu de mois auparavant.

En sortant du cabinet, il passa devant elle sans un mot.

Quand son tour fut venu de s'asseoir en face du médecin, elle rassembla ses forces et dit :

— Je viens pour arrêter le Prozac, et elle éclata en sanglots bruyants.

— Sûrement pas, dit fermement le médecin qui ne comprenait rien.

Elle lui raconta alors que le garçon qu'il avait reçu juste avant était justement le responsable de l'abandon pour lequel il la soignait.

— Quelle histoire ! dit le médecin qui était bon public.

Elle sentit qu'il était sincèrement intéressé.

Elle nous dit que ce fut un moment horrible à vivre mais qu'il n'avait pas été inutile.

— Si un reste d'espoir de le retrouver un jour demeurait au fond de moi-même, il fut massacré. La rupture était bien consommée, il n'y avait pas à revenir là-dessus.

Brasilia : l'instant de la rupture

Quand on sut qu'elle avait quitté son mari de manière aussi brutale, après tant d'années de mariage, elle fut mal jugée même par ceux qui l'aimaient énormément.

On disait qu'elle avait rencontré un homme, au Brésil. Un homme qu'elle ne voyait jamais puisqu'elle ne s'absenta pas une seule fois durant toute une année et, autant que ses proches le sachent, elle ne reçut personne.

Pauvre amant qu'elle quitta, lui aussi, puisque dix-huit mois jour pour jour après l'avoir rencontré, elle emménagea dans notre immeuble avec l'un de nos amis. Il y avait visiblement de l'amour entre eux.

Quelques années après, deux ans je crois, elle vint me voir et me dit qu'elle avait perdu un ami cher.

— Quelqu'un de très important pour moi, dit-elle. Un Anglais.

C'était l'année dernière, en 1996. Elle savait que j'écrivais ce livre et elle me proposa de me raconter une histoire de rupture, la sienne.

J'en fus surprise car c'était une personne peu familière. Elle me dit que me confier cette histoire était rendre hommage à l'Anglais qui venait de mourir.

Alors qu'aux débuts de mon travail sur la rupture les témoignages avaient été rares, les mois passant parce que le sujet commençait à intéresser mes proches et les proches de mes proches, des histoires de rupture étaient débusquées et m'étaient racontées de plus en plus volontiers.

Mais ce livre, je l'écrivais guidée par la phrase de Francis Scott Fitzgerald : *« J'en vins à l'idée que ceux qui avaient survécu avaient accompli une vraie rupture. »*

C'était un livre sur la rupture créatrice de vie, force de renouvellement, mais on m'entretenait sutout de ruptures trompeuses, sans deuil véritable donc sans recommencements possibles, ou de ruptures destructrices. Ce n'était pas mon sujet.

Cette histoire-là racontait une vraie rupture. C'était un témoignage intense et subtil.

Dans ce récit, Brasilia avait une place importante car la rupture s'y était passée.

Mon interlocutrice me raconta qu'elle s'était rendue à Rio de Janeiro pour participer à un colloque. Le week-end venu, on lui proposa de lui faire partager la splendeur de la ville, mais elle dit qu'elle souhaitait se rendre à Brasilia.

Ses amis brésiliens furent décontenancés et lui apprirent que Brasilia était une ville très ennuyeuse, que les fonctionnaires contraints d'y vivre toute la semaine remplissaient dès le vendredi soir les vols à destination de Rio et de São Paolo pour la fuir jusqu'au lundi.

Elle dit qu'elle irait quand même à Brasilia parce que en 1960 — au moment de son inauguration qui fut un événement mondial — elle avait entendu André Malraux en parler, et que ses paroles avaient tant frappé son imagination qu'elle ne les avaient jamais oubliées et s'était promis de connaître cette ville qu'il avait qualifiée de mythique.

Avec son lyrisme habituel, Malraux avait décrit le projet fou qu'avait réalisé le président Kubitschek : construire en quatre ans la capitale du Brésil sur un plateau désertique et en faire un chef-d'œuvre d'architecture, une ville du IIIe millénaire.

Elle alla donc à Brasilia et ce fut un bonheur à la hauteur de ce qu'elle avait imaginé.

Après deux jours passés dans la ville, elle loua une voiture et s'en fut aux environs pour visiter le musée d'Art moderne. Après avoir roulé dans un paysage qui ressemblait à la savane africaine, elle arriva sur un terre-plein poussiéreux où des enfants misérables jouaient avec un vélo délabré. Devant un banal bâtiment en béton qu'elle supposait être le musée était garée une voiture portant la mention Policia Militar contre laquelle un policier en armes était nonchalamment adossé. Jouxtant le musée dont seul un grillage la séparait, une petite favela, quelques masures seulement.

Rien d'autre que la campagne desséchée, la terre orange, à quelques dizaines de mètres le lac artificiel de Paranoá qu'elle avait repéré sur sa carte, le ciel bleu vif, le silence, la chaleur, le policier immobile.

Elle rangea sa voiture ni trop près ni trop loin de celle de la police et se demanda si le sentiment d'étrangeté qui la gagnait prenait le pas sur la peur ou le contraire.

Elle se décida à sortir de sa voiture, passa devant le policier attentif et pénétra dans le musée.

Outre le gardien à son comptoir, le musée semblait désert.

Elle demanda :

— Il n'y a personne ?

Le gardien désigna du menton un large escalier

— Si, un visiteur. Une sorte d'Anglais.

Le sentiment d'étrangeté devenait angoisse. Sans même jeter un coup d'œil à la salle du rez-de chaussée, elle monta précipitamment à l'étage.

Il y avait là, en effet, un homme qui lui rappelait un certain navigateur solitaire dont elle avait oublié le nom, qui toute sa vie avait parcouru les océans, gagnant des courses jusqu'à un âge avancé.

Il avait une belle silhouette comme l'ont parfois les vieux sportifs, sèche, souple, virile.

Seuls dans le silence de la grande salle, ne pas se parler était impossible. Il marcha tranquillement vers elle et lui sourit.

Elle n'avait jamais rencontré un homme pareil. Son salut et les quelques paroles qu'il prononça étaient dépourvus de toute intention de plaire, de dominer, ou de profiter de son visible désarroi pour compliquer les choses. Il était comme un arbre léger. Solide et délicat.

Ils déambulèrent le long des murs où étaient accrochés des tableaux dont la plupart étaient indignes d'un musée.

C'était une peinture violente, d'une violence non maîtrisée dont la représentation n'était pas parvenue à devenir art. Les couleurs et les formes avaient été simplement, grossièrement jetées sur la toile comme une tragédie non organisée. Elles projetaient pêle-mêle la fureur, le malheur, sans architecture, sans sens. À défaut d'une cohérence d'ensemble, les différentes composantes du tableau se détruisaient dans une cacophonie très pénible à supporter pour le regard.

Ils quittèrent rapidement le musée et se dirigèrent vers le lac. Ils parlèrent de la peinture brutale qu'ils venaient de voir, de la violence et de la paix.

Son angoisse s'était éteinte, mais le sentiment d'étrangeté qu'elle avait eu dès son arrivée dans cet endroit s'amplifiait.

La lumière, les couleurs, les odeurs, l'ambiance incertaine le long du lac de Paranoá lui apparaissaient comme une peinture hyperréaliste avec une précision, une netteté exorbitantes, anormales. Elle les accueillait avec violence.

La sensation d'une rupture imminente était suspendue au-dessus d'elle dans le bleu excessif du ciel de Brasilia, qui attendait qu'on la formule pour exister.

Quelle rupture ? Ce choc, cette dislocation entre ce qu'elle avait vécu jusque-là et cette incroyable « terra incognita » d'où émergeaient le silence, la chaleur, l'inquiétude et la présence de ce compagnon inconnu.

Il se présenta. Il travaillait pour la Fundaçao Cidade da Paz. Cette fondation créée par le gouvernement du district de Brasilia promouvait des événements, des enseignements, des recherches dans les domaines scientifique, technologique, religieux, mystique, écologique, éducatif.

Elle se présenta à son tour, lui parla du colloque auquel elle avait participé à Rio et, bizarrement, ajouta :

— Je suis mariée.

Elle me dit qu'à peine ces paroles prononcées elle s'entendit ajouter pour elle-même :

— Mais je vais le quitter. C'est moi qui vais le quitter.

Elle me raconta que, avant de partir pour Rio, encore une fois son compagnon lui avait dit :

— Il va falloir sérieusement songer à se séparer.

Cette déclaration, il la faisait en deux circonstances : chaque fois qu'elle partait en voyage et au moment des fêtes.

Au fil des années, elle avait décodé ce qui, dans ces paroles, était une demande, une injonction :

— Ne pars pas, ne sois pas heureuse toi qui aimes voyager, toi qui aimes tant Noël car moi je ne peux l'être.

Et aussi une menace :

— Si tu es heureuse, je te punirai.

Elle lui en avait maintes fois parlé mais il avait toujours violemment nié son interprétation.

Depuis qu'elle avait compris le sens de ces intimidations, l'onde de choc, lorsqu'elle les entendait prononcer, était de moins en moins violente.

On s'y habitue, mais la menace pèse lourd et détruit tout élan.

Lorsqu'elle avait envie d'aller vers lui, cette menace à laquelle elle ne croyait cependant pas tout à fait la retenait.

Ce chantage, qui durait depuis si longtemps et auquel elle se prêtait encore une fois, la révolta, mais avec une force qui s'accordait bien à l'excès de ce lieu et cette fois-ci la révolte fut suivie d'effet.

Elle déclara à voix haute et claire :

— J'ai quitté mon mari.

L'Anglais comprit que cela venait d'arriver, que la rupture c'était ici et maintenant, et il répondit tout aussi tranquillement :

— Brasilia est un bon endroit pour accomplir une rupture.

Plus tard, lorsqu'ils revenaient sur leurs pas, il poursuivit :

— Brasilia est un lieu de rupture, de décalage, de contrastes entre la géométrie, la logique, la raison — une ville de béton et d'acier si froide, si apparemment éloignée de la nature des Brésiliens — et le mystique, l'irrationnel — une ville du futur fondée sur les prophéties d'un lointain passé.

« Ce lieu, choisi avec la rigueur scientifique qu'on imagine, avait été déjà désigné, dit-on, par les Indiens qui considéraient que le planalto, le grand plateau central où fut construite Brasilia, était un lieu mythique. À chaque siècle, ou presque, des visionnaires rêvèrent d'une ville érigée sur les étendues désertes du centre du Brésil. Le dernier, Dom Bosco, un prêtre italien, avait prophétisé à la fin du XIXe siècle qu'une nouvelle civilisation surgirait au cœur du continent sud-américain, sur le site même de Brasilia.

« La raison et le mythe. Telle est Brasilia, capitale du pouvoir, de l'ordre administratif où cohabitent des centaines de cultes, quatre cents, cinq cents ou davantage : de l'islam au bouddhisme, de l'Église adventiste à l'ordre des Rose-Croix.

« Oppositions que tout cela, mais l'irrationnel est sans doute une compensation nécessaire à la rationalité, au caractère impersonnel de Brasilia.

Il ajouta :

— Ces contraires se réconcilieront un jour en une subtile et féconde unité.

Les paroles de l'Anglais décrivant si clairement les contradictions de Brasilia résonnaient au tréfonds d'elle-même, mettant en exergue ses propres contradictions, éclairant la rupture qu'elle acccomplissait.

Elle me dit que la décision de quitter son mari avait sans doute été prise plus ou moins consciemment avant son départ de France, mais qu'elle n'était pas encore sortie du désordre de ses sentiments, de l'incertitude de ses arguments.

Cet après-midi-là, à Brasilia, elle était parvenue à l'ultime étape de la rupture, lorsqu'on peut enfin la formuler avec fermeté parce qu'on a effectué la nécessaire coupure avec le présent, ses propres mensonges, ses illusions.

Je lui demandai si elle savait pourquoi cela s'était passé à ce moment-là, en ce lieu.

Pour avoir respiré l'air sec de Brasilia, pour avoir été émue par sa pure géométre et sa déraison, je savais que tout y était possible, et l'histoire qui m'était racontée résonnait en moi plus que d'autres témoignages.

Elle me répondit qu'elle y avait souvent réfléchi et que, selon elle, il y avait trois raisons à cela.

— Quand on est loin de son environnement habituel, comme c'est le cas lorsqu'on change de pays, qu'on change de langue, on perd ses repères, on s'éloigne en quelque sorte de soi-même, on prend une distance avec ses soucis, on lâche prise. Que dire lorsqu'on est dans un lieu aussi étrange que celui où je me trouvais : le musée, la favela, la police, les enfants misérables ?

« Le deuxième élément fut ce que je voyais, ce que je ressentais : la sensualité de l'air, de la lumière, des couleurs, de la chaleur qui, par je ne sais quelle chimie, libèrent les tensions, accroissent l'énergie, déclenchent des bouffées d'allégresse, créent la sensation inouïe d'être plus vivant, encourageant le désir de conquête d'un autre avenir, encourageant la vie.

Ensuite et surtout la présence de cet homme singulier à qui elle avait pu parler.

— Qu'avait-il donc de singulier ?

— La légèreté, la compassion.

Par légèreté elle entendait la délicatesse de son écoute, et par compassion l'humanité, la bonté, la bienveillance.

Elle qui n'avait jamais évoqué auprès de quiconque ses soucis avait parlé à l'Anglais, allant tout de suite au cœur des choses :

— Je suis née après la mort d'une sœur aînée et pour mes parents j'ai toujours été la fille morte. Mon mari, après une enfance tragique, a perdu sa mère, jeune. Au fond, il a toujours cherché en moi la mère, la mère morte.

« Une épouse qui fût aussi peu que possible dans la vie, voilà ce qu'on attendait de moi.

Alors qu'il y avait tant d'autres faits plus importants, à sa surprise, elle insista avec rancœur sur ceux-ci :

— Presque tous les Noëls furent gâchés. Parce que j'en aimais la magie, j'éclatais de joie au moment des fêtes, je confectionnais des arbres de lumière qui éclairaient toute la maison, des cadeaux par dizaines. Lui qui, dans sa sombre enfance, n'avait pas eu acccès à cette magie-là tentait de détruire cette joyeuse ambiance. Il avait des accès de colère, souffrait de violents maux de tête et se couchait les soirs de réveillon.

« Lorsque les enfants étaient petits, toutes les fêtes des mères furent saccagées car, au fond de lui-même, il ne pouvait accepter de fêter une mère alors que la sienne était morte lorsqu'il avait l'âge de ses enfants.

« Les menaces de me quitter étaient aussi une façon de m'empêcher d'être dans l'avenir, dans l'espérance, dans la vie.

— Et pourtant, dit doucement l'Anglais, vous irradiez. Pour avoir résisté à ces pulsions de mort, vous êtes plus que quiconque dans la vie.

Ils se turent pendant un long moment et elle me dit qu'elle se souvenait de la qualité du silence à cet instant-là, un silence éclatant. Bien sûr, c'était sa propre perception, mais elle se rappelait que quelqu'un qui avait parcouru le monde lui avait affirmé qu'il y avait un silence d'Amérique du Sud grouillant de vie, aux vibrations vigoureuses, parfois agressives, comme il y a un silence de l'Inde, en attente d'un destin.

Ils continuèrent à marcher, mais le doute ne pouvait décidément pas la laisser en paix. Quand se serait éloigné l'Anglais qui avait affirmé que Brasilia était un bon endroit pour rompre, qui l'avait si naturellement accompagnée, si attentivement écoutée sans se départir un instant de sa distance, qui l'avait rassurée, sa victorieuse rupture persisterait-elle ?

L'Anglais ne s'éloigna pas. Ils revinrent ensemble à Brasilia et se virent chacun des quatre jours qui lui restaient avant de rentrer en France.

Il lui dit qu'il avait été touché par « son embrasement » — c'est le mot qu'il employa maladroitement en français — pour Brasilia et lui raconta son propre amour pour cette ville :

— L'un de mes amis brésiliens affirme que celui qui habite Brasilia passe par quatre étapes : l'étonnement, la déception, le désespoir et la démence, c'est-à-dire un amour fou pour cette ville qu'il ne veut plus quitter. Ce que j'ai vécu ressemble à cela.

Il lui parla un peu de lui, lui confia que sa rencontre avec Brasilia avait aussi été le moment de sa rupture avec son passé, qu'il avait quitté définitivement la Grande-Bretagne après bien des deuils et qu'il avait trouvé ici une solution à sa vie, à la fin de sa vie : ses recherches à la Fundaçao Cidade da Paz.

— Mon avenir me préoccupait moins que mon devenir, lui dit-il. L'avenir peut se dérouler sans qu'on y joue un grand rôle. Mais je voulais un devenir dans la ligne de ce que fut toujours ma vie : recommencer, agir, progresser.

Il lui parla de ses travaux à la Fundaçao Cidade da Paz, dont l'objectif était de contribuer à l'éveil d'une nouvelle conscience unissant la science aux grandes traditions spirituelles de l'humanité.

Il l'emmena à la Granja do Ipê, siège de la fondation, et les gens qu'elle y rencontra ressemblaient à l'Anglais, bienveillants, concentrés sur leurs recherches, protégés par les mystères qu'ils cherchaient à percer, extraordinairement solitaires.

Lorsqu'ils se quittèrent, il lui dit qu'ils ne se reverraient pas car il était âgé, qu'il lui restait peu de temps pour mener à bien ses recherches à la fondation, qu'il ne voulait distraire aucun moment à son travail. Ils s'écriraient.

Elle rentra chez elle à Paris, attendit son mari sans même défaire ses bagages et lui annonça qu'elle le quittait définitivement.

— Tu as rencontré un homme au Brésil ?

— Oui.

— Je savais qu'un jour tu m'abandonnerais pour un autre.

Il avait oublié ses propres menaces de la quitter mais elle partit sans le lui rappeler car, à cet instant, elle lui était reconnaissante de l'avoir accoutumée à l'idée de rupture. Il l'avait grandement aidée à l'accomplir.

Mariages

— Pas si incompréhensible que cela, m'explique le garçon qui, peu de temps après s'être installé avec la jeune femme qu'il aimait, l'avait quittée.

« Ce fut un échec sur tous les plans, me dit-il, le naufrage de l'image que j'avais d'elle et la découverte d'une extrême difficulté à vivre ensemble.

« Qui l'aurait cru ? Personne ne m'avait obligé à vivre avec elle, je le souhaitais vraiment. Le jour où nous avons emménagé fut presque aussi important que celui de notre rencontre, car ce fut le jour de notre indépendance.

« Nous avions le sentiment d'exister non plus comme les enfants de nos parents. Nous n'étions plus deux moitiés vaquant d'une vie à l'autre, d'une maison à l'autre, d'une famille à l'autre mais une entité : un couple.

Il me raconta que son amie entra avec plaisir et compétence dans le rôle de « femme mariée ». Ainsi, en rentrant le soir de ses cours, elle prenait grand soin de préparer de vrais repas. Par tendresse et aussi parce que ce rôle lui renvoyait une image d'elle-même qui lui plaisait : féminine, responsable, subtilement maternelle.

À lui, cette image fut immédiatement désagréable. En l'observant s'activer entre la cuisine et la pièce où ils prenaient leurs repas, il constata qu'elle ne faisait plus la cuisine comme une amoureuse dont le jeu était de préparer, *en plus*, le repas pour lui, comme autrefois lorsqu'elle passait la soirée dans la chambre qu'il occupait au-dessus de l'appartement de ses parents, mais comme une femme qui remplissait un emploi, presque une mission.

Ce n'était plus touchant, ni charmant, ni amusant. C'était ennuyeux.

Il l'aimait mais pas dans ce rôle. En réalité, il l'aimait pour l'amour et les plaisirs de la vie. Peut-être sa grand-mère avait-elle raison quand elle le qualifiait de libertin.

Il me confia avec franchise :

— L'amitié, écrit je ne sais quel auteur, est presque toujours une union entre une partie d'un esprit et une partie d'un autre esprit ; on est amis par endroits.

« Peut-être en est-il de même de l'amour. J'avais envie d'être mari par endroits et célibataire par d'autres. Mari pour faire l'amour avec elle, l'aider, la protéger aussi, mais garçon pour tout le reste, je veux dire l'inattendu.

« Ce n'est pas une conception de l'amour acceptable pour une femme. J'ai toujours entendu mes sœurs, mes amies, mes « copines » accoler l'adjectif absolu au substantif amour. Je ne suis pas capable de cet amour-là, en tout cas pas pour le moment.

« J'ai été sincère avec mon amie et lui ai dit qu'il n'était pas nécessaire de se donner tant de mal pour la cuisine et le rangement, que je préférais l'aider et que nous consacrions du temps à de plus agréables occupations, mais elle aimait son rôle de maîtresse de maison.

« Être la maîtresse d'une maison la valorisait. Comment aurais-je pu le savoir, puisque du temps de notre libre liaison il n'y avait pas de maison où elle pût exercer ses activités.

« Pour la même raison — le fait que nous ne vivions pas ensemble —, une caractéristique majeure m'avait échappé : notre incompatible conception de l'espace et du temps.

« Soyez utile, me dit-il avec une certaine désinvolture, et expliquez dans votre livre que, sauf à faire preuve d'une tolérance exceptionnelle et même d'abnégation, mieux vaut ne pas vivre ensemble si on n'a pas la même idée de l'espace où l'on vit, et du temps qui passe.

Il expliqua :

— Pendant les trois ans de notre amour bohémien — vivant chez les uns et les autres et surtout chez nos parents respectifs —, nous avions rêvé qu'un jour nos affaires se trouveraient *en même temps au même endroit*. Mais il s'avéra que nous n'avions pas la même idée du rangement, ce qui est une cause grave de discorde.

Elle rangeait verticalement, par piles. Lui, horizontalement, c'est-à-dire en étalant les objets sur la plus grande surface possible.

Il disait qu'il avait été élevé ainsi et que changer lui demanderait un effort dont il ignorait s'il en était capable car cela lui venait de l'enfance. Sa mère, harpiste, posait ses partitions à même le sol. Les élèves qu'elle recevait et ses compagnons de musique faisaient de même. C'était une habitude à prendre et les enfants de la famille l'avaient adoptée. Le plus sérieusement du monde, il ajouta que cette habitude mettait en jeu une relation avec les objets tout à fait différente de celle induite par un rangement vertical, lequel était nécessairement classement et manifestait, selon lui, un rigorisme regrettable quand il était pratiqué avec excès.

Mais ce fut leur rapport au temps qui entama le plus gravement l'équilibre de leur couple.

La jeune femme, dans un souci d'organisation, avait un talent rare pour exploiter les jours et les heures, en tirer le maximum, ce qui impliquait nécessairement la mise au point de programmes rigoureux qui l'enfermaient et enfermaient les autres dans des grilles journalières et même horaires, élaborés d'avance.

Cette caractéristique avait été plutôt bénéfique pendant leurs années d'errance. Elle leur permettait de se voir même lorsqu'ils disposaient d'horaires peu compatibles et, comme par ailleurs chacun gérait sa vie librement, les inconvénients n'avaient guère été visibles.

Depuis qu'ils vivaient ensemble, elle répartissait leur temps. L'idée de répartir — partager selon des conventions précises — le rendait fou.

Les moments de tendresse, de plaisir se partagent mais ne se répartissent pas. Il voulait saisir, prendre, donner, offrir dans le désordre.

Il rompit très vite et son amie l'accepta assez bien car, pour elle aussi, leurs incompatibilités étaient de plus en plus pénibles. En revanche, leur séparation fut tout à fait incompréhensible pour leurs proches.

Il arrive aussi que des couples qui vivaient ensemble depuis de nombreuses années se marient… et se séparent aussitôt.

On peut faire l'hypothèse qu'ils se marient parce que cet acte officiel leur apparaît, plus ou moins inconsciemment, comme un moyen de consolider une union qui déjà vacillait.

Peut-être aussi l'engagement *de jure*, un attachement de caractère légal, l'institutionnalisation d'un libre lien provoquent-ils, une fois acquis, un sentiment symbolique d'enfermement qu'il faut fuir au plus vite.

Point n'est besoin d'être psychanalyste ou conseiller conjugal pour savoir que « la texture soyeuse des liens du mariage supporte une tension quotidienne à laquelle nul rapport humain ne peut être soumis sans lésion », et qu'il n'est pas deux adultes susceptibles de se faire plus de mal que deux époux. Plus de bien aussi.

Étrange relation que celle que tissent deux êtres qui s'aimaient pour parvenir à rompre ! Nous l'avons vu, mieux vaut ne pas condamner l'un et plaindre l'autre. Qu'il s'agisse de celui qui rompt ou du présumé rompu — nous parlons de ceux qui considèrent avoir accompli une rupture bénéfique —, nous avons retrouvé dans leurs déclarations la conviction que leur rupture n'était pas accidentelle, que la rupture n'est jamais un hasard et que celui qui rompt est seulement en avance sur l'autre.

CHAPITRE VII

Jours de deuil

Il ne suffit pas de rompre, encore faut-il aller jusqu'au bout de sa rupture ; or une rupture n'est accomplie que lorsqu'on a accepté les pertes qu'elle implique, que lorsque le travail du deuil est achevé.

La psychanalyse a vulgarisé l'expression « faire son deuil », ce qui signifie mener à bien un processus de renoncement, un travail d'adaptation à la perte qu'on a subie.

Il serait illusoire de croire qu'avoir pris la décision d'une rupture, quels que soient les bienfaits qu'on en espère, dispense du deuil propre à toute perte.

Quand on rompt avec autrui, un travail de deuil **réciproque** s'effectue chez celui qui rompt et chez le « rompu ».

Quand il s'agit d'une rupture avec soi-même, le travail du deuil est intimement lié au processus de la rupture et, pour l'essentiel, ils s'accomplissent simultanément pendant un temps plus ou moins long.

L'accident de voiture du *Pianiste de Sienne* fut la cause et la conséquence du renoncement à son métier de concertiste, rupture et deuil tout à la fois. Ils furent brutaux et, si j'ose dire, toniques, car le deuil de son passé s'effectua en même temps que sa rééducation physique, et son kinésithérapeute fit, en quelque sorte, œuvre de psychanalyste.

Très différent fut le parcours de *Dan*. Le fait qu'il vivait une rupture majeure ne lui apparut que tardivement, et c'est peu à peu, de ruptures en ruptures, de deuils en deuils, qu'il finit par découvrir quelle était désormais sa raison d'exister.

Après une rupture comme après toute séparation, le processus de deuil — pour un adulte — se déroule en trois grandes phases :

La première phase est, en général, brève. C'est celle du choc au moment de la prise de conscience de la rupture.

Lui succède une période de peine, de souffrance, qui s'étire au long des mois, parfois des années — un an, deux ans ? —, et dont on a l'impression qu'elle ne finira jamais.

Enfin, la dernière étape : « l'accomplissement[1] » du deuil est l'acceptation de ce qu'on a perdu et l'adaptation aux nouvelles données de sa vie.

Les phases successives que nous venons d'évoquer ne sont pas strictement régies par le temps et peuvent empiéter les unes sur les autres. Elles font partie d'un processus global qui dépend de nombreux critères : les raisons de la rupture, ses conséquences prévisibles, la capacité de souffrance de chacun et sa faculté de réagir, le souvenir d'autres expériences de séparation, le degré de préparation au deuil.

Ces critères sont les mêmes pour celui qui a décidé de la rupture et celui qui l'a subie, mais ils ne sont, à l'évidence, pas vécus de la même façon.

Le degré de préparation de la rupture est l'une des différences flagrantes et iniques, par le décalage qu'il implique entre celui qui rompt après avoir longuement préparé sa rupture et celui qui brutalement en reçoit l'information.

1 Judith Viorst : *Les Renoncements nécessaires*, Robert Laffont, 1988.

Le « rupteur » a un rôle actif, il a pris sa décision dans l'espoir d'une amélioration d'une situation qu'il ne peut plus supporter.

Le « rompu », plongé soudain dans l'incompréhension, l'incertitude, se sent agressé par la détermination de celui qui sait, qui a tout pesé, tout prévu. Il est saisi d'un sentiment à la fois d'irréalité et d'infériorité devant son partenaire qui a la force, le pouvoir du réel.

Le choc de l'annonce d'une rupture est vécu par chacun selon sa propre alchimie qui est tout à fait imprévisible.

On a vu le responsable d'une rupture avoir un malaise et être réconforté par sa victime, encore que la situation inverse se produise plus souvent !

De nombreux « rompus » m'ont affirmé avoir ressenti un soulagement à l'annonce d'une rupture, ce qui n'empêcha pas, par la suite, la peine ou des réactions d'orgueil blessé.

Il n'est pas rare qu'à un violent choc physique — respiration coupée ou sensation d'étouffement — succède, quelques minutes après, une indifférence absolue à ce qui vient d'arriver. Cette anesthésie, ce répit miséricordieux que nous accorde parfois notre psychisme, se dissipe généralement le lendemain du choc. Si l'annonce de la rupture est censée enclencher le processus du deuil, il arrive que, connaissant plus ou moins consciemment la vérité, on se soit livré à un deuil anticipé.

Dans le cas d'un proche atteint d'une maladie grave, le choc a lieu à l'annonce du diagnostic et la mort est alors plutôt vécue comme un soulagement.

Moins tragiquement, une jeune femme m'a raconté qu'elle avait inconsciemment « préparé » le départ de son mari — qu'elle n'avait nullement prévu — en s'étant inscrite quelques mois auparavant à des soirées de méditation bouddhiste qui étaient censées lui apprendre le lâcher prise, le détachement.

L'héroïne de *Brasilia* témoigne que, à entendre son mari la menacer de la quitter pendant de nombreuses années, elle eut largement le temps d'effectuer un deuil, et c'est elle qui, avec une certaine allégresse, le quitta.

La période la plus éprouvante du deuil — et la plus longue — est celle où, après avoir cessé d'espérer le retour à la situation d'avant la rupture, on se retrouve isolé dans sa douleur.

C'est le moment des larmes, de l'angoisse de la solitude, de la régression, souvent traversé de sentiments contradictoires : la colère, la haine, la culpabilisation, l'idéalisation.

À entendre les témoignages, les manifestations violentes que provoquent la colère et la haine apportent un soulagement non négligeable. Maudire celui ou celle qu'on a aimé donne l'impression qu'on reprend quelque activité, qu'on sort de la léthargie du malheur.

La culpabilisation et l'idéalisation sont beaucoup plus ambiguës. Il est normal que le « bourreau » se sente coupable de la peine et parfois des dégâts qu'il provoque dans la vie de l'autre, mais la culpabilité de la victime, pour tenter de justifer qu'on l'ait quitté (qu'ai-je fait pour **mériter** qu'on me quitte ?), est un sentiment néfaste qu'il faut abandonner le plus vite possible. S'attribuer une responsabilité qu'on n'a pas est une manière de s'associer à la culpabilité de l'autre, de se complaire dans une inutile souffrance, le vrai chagrin de la perte étant bien suffisant pour être malheureux tout son soûl.

La culpabilité a une dangereuse complice : l'idéalisation. On attribue à celui qui est parti des vertus qui curieusement nous avaient échappé lors de la vie commune, vertus dont l'évocation décuple la culpabilisation (pourquoi ai-je fait en sorte qu'un être aussi exceptionnel me quitte ?).

Si quelqu'un à qui vous voulez du bien se livre ainsi devant vous à une sorte de canonisation de celui qui l'a quitté, rappelez-lui courageusement que l'objet de son admiration était **aussi** : mesquin, jaloux, mal élevé.

La dernière étape, l'accomplissement du deuil, n'est pas exempte de nostalgie, de regrets. Des rechutes peuvent se produire, de plus en plus courtes cependant.

On est entré dans une période active, on modifie ses comportements, ses attentes, pour s'adapter aux nouvelles données de sa vie. Ce long trajet de désespérance, de renoncement, de doute a modifié l'idée qu'on avait de soi et on se situe plus clairement par rapport aux autres.

On retrouve de l'énergie, de l'espoir pour consentir à une vie différente de celle d'avant. On a métabolisé la réalité de la rupture, on finit par l'accepter.

— Accepter, je n'ai jamais pu prononcer ce mot, m'a dit l'un de ceux qui ont vécu une sévère rupture. Je me suis simplement dit : « C'est ainsi, je dois m'accommoder de ce que j'ai mais cela ne suffit pas, il faut que toute cette souffrance serve à quelque chose, ne serait-ce qu'à m'inventer une vie meilleure. »

Inventer. Un psychanalyste, George Pollock, affirme que le deuil « est l'une des formes les plus universelles de l'adaptation au progrès ».

Mais le deuil aussi a une fin, même si au début d'une rupture l'idée qu'on puisse guérir est inconcevable, absurde et même choquante.

Pour reconnaître la fin d'un deuil amoureux, il est un signe tout à fait fiable. Après une phase d'idéalisation puis de dénigrement, c'est lorsqu'on parvient à une expression juste de la réalité concernant celui ou celle qui vous a quitté.

Ainsi les dernières et célèbres lignes de *Un amour de Swann* : *« Avec cette muflerie intermittente qui apparaissait chez lui* (Swann) *dès qu'il n'était plus malheureux et que baissait du même coup le niveau de sa moralité, il s'écria en lui-même : "Dire que j'ai gâché des années de ma vie, que j'ai voulu mourir, que j'ai eu mon plus grand amour, pour une femme qui ne me plaisait même pas, qui n'était pas mon genre." »*

Deuil amoureux d'un homme, entraîné vers un autre deuil plus vaste et plus profond, celui des certitudes de l'enfance qui le maintenaient dans une immaturité affective. Plus pathétique — à supposer qu'on puisse établir une hiérarchie de la souffrance d'autrui —, deuil d'une maison qui est aussi celui d'un passé, d'une famille, par une femme à un âge où habituellement on ne recommence pas sa vie, tels sont les deux témoignages qui suivent.

Gianni

Gianni raconte que les étapes de son deuil, il les a vécues le long de la ligne du TGV Paris-Nantes-Paris.

Pendant deux ans, une fois par semaine, pour assurer ses cours à la faculté de Nantes — bien que vivant et enseignant aussi à Paris —, il avait fait ce parcours et avait eu tout le loisir d'apprécier les lumières et les saisons selon ses états d'âme du moment.

Quand son amie lui avait annoncé que leur histoire était finie, depuis quelques semaines déjà ce qui les unissait : le sentiment amoureux mais aussi les opinions partagées, l'intimité des sensibilités, se délitait.

Avec cette obstination à vouloir tout comprendre, de laquelle n'était pas exclu quelque masochisme, il tenta de retrouver les premiers signes de la dégradation de leur relation.

Aussi saugrenu que cela puisse paraître — mais sans doute était-ce un prétexte —, cela avait commencé par une dispute au sujet des réformes de l'université

Elle lui avait dit avec méchanceté que son statut de professeur étranger invité ne lui permettait pas de porter un jugement aussi péremptoire sur ces réformes. Il n'était en France que pour deux ans, que lui importaient les enjeux de ces réformes puisque, lorsqu'elles seraient appliquées, il aurait depuis longtemps réintégré son université de Bologne.

Au cours de leur dispute, il lui avait semblé qu'elle avait établi une différence — aussi subtile soit-elle — entre leurs disciplines respectives, comme si la philosophie qu'elle enseignait donnait des capacités de réflexion plus profondes que la littérature italienne du XIVe siècle.

Leur discussion avait pris un tour tout à fait absurde lorsqu'ils en arrivèrent à comparer les caractéristiques du philosophe en particulier et du Français en général : tout de rationalité, de logique, d'aptitude à l'analyse, et celles du littéraire en particulier et de l'Italien en général : tout d'intuition, d'esprit de synthèse, d'aptitude à la création.

Il avait tenté de réconcilier leurs points de vue en lui expliquant que « la faculté de raisonnement n'est pas aussi pure qu'on le croit, que les émotions ne sont pas du tout des éléments perturbateurs, mais que la capacité de ressentir et d'exprimer des émotions fait partie des rouages de la raison pour le pire et pour le meilleur[1] ».

Elle n'avait pas supporté qu'il ait osé s'aventurer sur son terrain et elle s'était montrée désagréable.

Alors, il lui avait dit qu'il venait de vérifier une fois encore l'exactitude de la formule attribuée à Stendhal,

1. Antonio Damasio : *L'Erreur de Descartes*, Odile Jacob, 1995.

selon laquelle un Français est un Italien de mauvaise humeur.

Le premier signe de la rupture avait donc été l'intolérance et il en fut honteux. Son amertume n'avait pas pour cause cette dispute absurde mais le fait qu'elle avait révélé un rapport de forces entre eux, sans capacité de réconciliation. Il aurait préféré la jalousie ou quelque réaction émotionnelle, mais pas ce médiocre débat prétendument intellectuel.

Elle était une toute jeune femme et c'était son premier poste en faculté. Elle avait le dogmatisme des débutants. Plus âgé et plus expérimenté, il aurait dû maîtriser une aussi futile discussion.

Il reprit le soir même son TGV, et ce fut le premier trajet du deuil de son amour. Puis, pendant des mois, lors de ses voyages ferroviaires entre Paris et Nantes, il réfléchit, et inlassablement repassa dans sa mémoire les moments de leur histoire ; il prit conscience de la perte qu'il vivait, des renoncements qui se préparaient, de l'incertitude qui, soudain, envahissait sa vie. Le roulement léger du train, le défilé des paysages, les lumières éphémères étaient propices à cette introspection.

À Paris ou à Nantes, entre ses cours et ses multiples activités, il n'avait guère le temps de réfléchir à son amour perdu. Le hasard, Dieu ou Diable, lui avait réservé cet espace pour y vivre sans distraction son deuil : quatre heures par semaine dans un lieu dont il ne pouvait s'échapper, un TGV qui fonce à travers la France à presque 300 kilomètres à l'heure.

Au début, il tenta de travailler puis, quand il alla tout à fait mal, il prit l'habitude, à peine assis, de sortir de sa serviette un paquet de copies, de les poser sur la tablette devant lui, sachant qu'il ne les ouvrirait pas. Ce geste le rassurait mais il n'aurait pas su dire pourquoi.

Sa souffrance avait pour source deux causes.

La première fut le manque physique qu'il eut d'elle. Elle lui plaisait sans réserve. Petite, blonde, menue, le teint délicatement doré et les yeux clairs, en elle il avait trouvé son idéal.

Pendant la période où Gianni fut obsédé par la perte de son amie et ne cessa de nous en parler, nous la décrivant sans relâche, une fois encore nous nous interrogeâmes sur la mystérieuse alchimie du désir amoureux.

Alors qu'il était entouré d'Italiennes flamboyantes dont nous admirions l'aisance, cette manière qu'ont les Italiennes de se mouvoir, de prendre possession de l'espace, il avait cristallisé ses désirs, ses fantasmes, ses espoirs sur cette petite philosophe sérieuse, brillante et butée.

On a du mal à admettre que les gens très beaux puissent souffrir de chagrins d'amour. Nous trouvions Gianni beau et très élégant — ses vestes couleur sable gris étaient incomparables —, mais lui n'aimait pas son physique à la Vittorio Gassmann jeune.

Quand nous marchions dans les rues de Turin, dans des quartiers un peu excentrés, là où sur des balcons en fer forgé sèche un linge très méditerranéen, ou bien à Milan, Gianni rappelait chaque fois : « Ici, nous sommes en Italie du Nord, moi je suis un Italien du Nord », et nous savions que dans sa tête il se voyait blond.

Il n'aimait les humains que blonds et la femme blonde qui l'avait quitté l'obsédait.

Contre toute raison, il avait tenté de la retrouver une fois encore mais, avec sagesse, elle avait refusé. Un jour, en quittant la faculté pour rentrer à Paris, il l'aperçut dans la cour, parlant avec un collègue, et la voir fit flamber son désir et ses regrets.

Ce fut le pire de ses voyages et, ne tenant plus en place, il se rendit à l'extrémité de son compartiment pour faire quelques pas. Un militaire était assis sur son paquetage. Gianni lui offrit une cigarette et entreprit de lui parler. Alors, entre Chartres et Paris, le militaire, muet, écouta le discours fougueux de Gianni sur son amour perdu en fumant ses cigarettes.

Quand ce fut fini, qu'ils arrivèrent à destination, Gianni vit dans l'œil du garçon quelque chose entre la commisération et la solidarité. Il lui serra la main et alors pour consoler Gianni le soldat lui dit : « Votre copine, bon débarras ! »

Après cette période de partage impétueux de sa souffrance, Gianni entra dans un temps vide de désir, dans un état de mort émotionnelle, de repli.

Il avait l'impression que quelque pilote automatique avait pris le relais et dirigeait tant bien que mal sa vie, juste pour lui éviter les écueils les plus dangereux. Cela dura plusieurs semaines.

Puis la vie le reprit, sa peine qui n'était qu'endormie s'aggrava, et le long et surprenant parcours de son deuil commença.

Outre le manque lancinant de son amie, le second point sur lequel la souffrance de Gianni s'était cristallisée fut le regret de ne s'être pas montré assez protecteur, pas assez paternel avec la jeune femme, et ce sentiment inattendu devint culpabilité.

Nous savons bien que la connaissance de l'autre et de ses vraies demandes n'apparaît vraiment que dans l'absence, mais nous étions tout de même surpris de la nature des remords de Gianni.

Pendant sa liaison, il nous avait abondamment entretenus de ses sentiments, de ses doutes, des reproches que parfois il se faisait, du caractère de la jeune femme, de ses ambitions, de leurs projets communs, mais jamais il n'avait été question d'un quelconque sentiment paternel de Gianni ou de la demande de son amie dans ce sens.

La culpabilité de Gianni se précisa et enfla proportionnellement au développement du processus d'idéalisation qu'il avait entamé depuis peu.

Plus le temps passait, plus la jeune femme — je veux dire la description qu'il nous en faisait — était naïve, enfantine, douce, émerveillée, alors que dans ses descriptions précédentes elle nous était apparue plutôt indépendante et impérieuse. Gianni se reprochait de n'avoir pas été plus sérieux, plus profond, de n'avoir aimé — encore une fois — que le présent et le plaisir, alors qu'elle aurait sans doute souhaité, il le comprenait maintenant, moins de séduction et plus de réflexion.

Un soir qu'il avait un peu bu et que son discours était particulièrement mièvre et irréel, nous comprîmes que le *latin lover* en Gianni disparaissait, qu'il était en mal de paternité, de pérennité, de stabilité. Nous le lui dîmes.

Plus que le désir de paternité, le souci de devenir un homme moins instable, de cesser de flâner à la surface des choses taraudait Gianni. La rupture amoureuse avait déclenché un processus qui, à n'en pas douter, était en cours d'élaboration depuis un certain temps.

L'image qu'il avait de lui chavira, dévoilant une vulnérabilité qui l'effraya. Il se sentait affaibli, démuni, dépossédé d'un grand nombre de certitudes dont certaines, héritées de sa jeunesse, n'avaient jamais été remises en question.

L'abandon de son amie avait révélé, en même temps qu'un manque, une nouvelle exigence vis-à-vis de soi à laquelle il n'était pas en état de répondre.

Alors, il prit cruellement conscience de son insouciance, de sa volonté de ne pas se laisser distraire par le malheur, le sien et celui des autres, et ces comportements immatures se heurtaient à d'autres valeurs qu'il avait refoulées. Les antagonismes devinrent conflits.

Pour la première fois il y avait rupture des équilibres de sa vie, rupture de sens, perte de cohérence, et ce fut un très profond bouleversement et une intense souffrance. Il avait l'impression d'avoir perdu des codes essentiels à sa survie.

Nous sûmes plus tard que la menace pour son intégrité psychique et même physique fut grande mais, à la fin, cette menace, au lieu de le détruire, le mobilisa et l'incita à prendre des décisions qui le sauvèrent.

Pendant la période la plus aiguë de la crise qu'il traversa, il avait demandé à ses proches qu'on le mette à l'abri dans une clinique, qu'on l'aide par une thérapie, une cure de sommeil par exemple, mais il avait abandonné cette idée et s'était magnifiquement repris.

Son refus de l'anéantissement, sa remontée vers la vie eurent pour ressort sa passion d'enseigner, ses responsabilités de professeur et la présence de ses élèves. Il continua à prendre chaque semaine le TGV pour Nantes et, chaque fois qu'il montait dans le train, il pensait à l'homme tranquille qu'il avait été et à celui d'aujourd'hui désuni par les conflits et naviguant dans le désarroi entre une extrême lucidité et une extrême confusion.

Puis, sans qu'il sût bien comment, ses désordres intérieurs diminuèrent, quelque chose en lui se régula, de nouveaux comportements apparurent, qui ouvrirent la voie à un changement. Il réorganisa sa vie. Le deuil de son amour et celui qu'il fit d'une partie de lui-même avaient duré deux ans.

Quand nous avons revu Gianni, nous l'avons trouvé fatigué et un peu vieilli, mais son pouvoir de séduction était à son comble, car avoir vécu dans le secret et la solitude des douleurs qu'il ne pourrait jamais partager lui avait donné un mystère, une profondeur nouvelle.

La légèreté de Gianni avait un corollaire : son élégance. Il prit garde à ne pas être un poids pour nous et nous ne sûmes pas grand-chose des affres dans lesquelles il avait vécu.

Quand il revint, ce fut pour nous apporter une nouvelle heureuse. Il lui était arrivé, disait-il, quelque chose de surprenant : une **sensation** d'avenir, quelque chose qu'il pouvait qualifier de frais, de joyeux, de nouveau.

Nous pensions, pleins d'espoir, que peut-être c'était cela la renaissance quand, une crise nous ayant séparé de nous-même, nous réintégrons, dans une certaine virginité, notre moi d'avant.

— Je ne sais pas, dit Gianni. Je ne suis pas sûr d'en avoir fini.

Alors, il nous raconta l'histoire d'un enfant auquel sa mère avait inculqué l'idée qu'il était invulnérable, qui fut un étudiant brillant, un sportif doué, un amoureux comblé, qui n'accepta jamais ni pertes ni renoncements, jusqu'à ce qu'à quarante ans il se retrouve avec tous les deuils de l'enfance à accomplir pour apurer sa vie et devenir un homme.

La maison

— Je veux bien vous parler de cette rupture, me dit-elle. Ce fut une vraie, une profonde rupture. Pendant des mois, je n'ai pu trouver aucun apaisement au désordre de mes pensées et de mes sentiments. Aujourd'hui, je peux l'évoquer avec tranquillité.

« Vous avez connu « L'Ouragan ». On disait qu'elle était la plus belle villa de la côte. Elle fut, en tout cas, la première maison construite sur la corniche. Quand je l'ai vendue, elle avait deux cents ans ; pour moi elle avait trente-cinq ans, le temps que nous l'avons habitée. La rupture avec « L'Ouragan » concerne donc exactement la moitié de ma vie.

« Qui aurait pu penser que la perte d'une maison, d'un bien matériel puisse, comme une lame de fond, soulever un tel bouleversement chez un être ?

« Les circonstances y furent pour quelque chose.

« À la mort de mon mari, dix ans avant, j'avais hésité puis décidé de garder « L'Ouragan », cette maison trop grande pour une femme seule, mais je pouvais me le permettre financièrement. Elle était mon seul luxe dans une vie austère, et je ne voulais pas me priver de la vue sur l'océan et de son bruit, des lueurs des phares de la baie éclairant la nuit de manière intermittente les murs de ma chambre.

« Jusqu'au jour où mes trois filles vinrent en délégation me demander la part d'héritage de leur père. En avaient-elles vraiment besoin, je ne le sais pas, mais sur le moment j'en conçus une grande amertume. Cela signifiait vendre « L'Ouragan ».

« L'idée ne me fut certes pas agréable, très pénible même, mais je pensais davantage aux tracas matériels qu'à ce que cela signifiait de changements dans ma vie.

« J'ai mis « L'Ouragan » en vente et ai entrepris le tri de ce qui avait été entassé dans les immenses greniers de la villa. Tout au long des années, j'avais déposé dans des malles ou empilé sur des étagères tout ce que je n'avais pas fait l'effort de jeter. Dès qu'un objet n'était plus utile, je le montais au grenier et l'oubliais.

« Quand le travail de rangement et d'élimination commença — cette affreuse confrontation avec le passé —, je découvris avec stupeur des objets que j'étais sûre de n'avoir jamais possédés. Et pourtant, ils étaient là. Qui d'autre que moi aurait pu les y mettre ?

« Contre toute prévision, « L'Ouragan » fut vendue en quelques semaines, une société immobilière l'acheta pour construire ce qu'ils appelaient un « collectif », c'est-à-dire un immeuble.

« Une partie du village lança une pétition pour s'opposer à sa disparition mais nous n'eûmes pas gain de cause. On me dit, à juste raison, que puisque j'avais décidé de mettre ma maison en vente chacun pouvait l'acheter et, s'il respectait les règles de l'urbanisme, en faire l'usage qu'il voulait.

« J'ai alors appelé mes filles pour leur demander si elles se résoudraient vraiment à voir « L'Ouragan » disparaître mais, alors que mon mari et moi étions convaincus que deux d'entre elles au moins étaient profondément attachées à la maison, elles dirent que l'essentiel était de vendre, peu importait le sort réservé à ce qui n'était qu'un tas de pierres.

« L'absence de sensibilité dont faisaient preuve mes enfants, je la ressentis davantage dans l'expression que sur le fond. Le seul adieu à cette maison où elles avaient grandi, joué, dansé, aimé fut : « un tas de pierres ».

« La date de mon départ étant fixée, je dus accélérer le rythme de mes rangements et, un soir, je pris par poignées ce qui était dans une malle : des lettres de mon mari, des chaussons de bébé que j'avais tricotés pour mes filles, des aquarelles peintes par une amie très chère et je les entassai dans un sac poubelle. Tout ce qui restait dans le grenier eut le même sort.

« À partir de ce jour, tout alla vite, ma peine fut étouffée par mes multiples activités et les tracas de toutes sortes. Je la sentais qui enflait en moi comme un fleuve se gonfle jusqu'à la crue. C'était une bonne comparaison car je me sentais pleine d'eau, peut-être l'eau des larmes refoulées.

« Des amis me louèrent leur maison jusqu'à l'été. L'essentiel était préservé car, dans cette maison construite sur des rochers au-dessus d'une plage, on entendait le bruit des vagues, on sentait l'odeur de la mer. Ce n'était qu'un demi-deuil.

« Le jour où « L'Ouragan » fut détruite, je restai chez moi volets clos sur la rue, à ne même pas regarder la mer. J'avais le sentiment qu'un mort était dans la maison, qu'il ne fallait pas trop bouger, pas trop faire de bruit, vivre petitement jusqu'à ce qu'on l'enlève, qu'on m'en débarrasse.

« Jusque-là, j'avais vécu dans l'anxiété, un certain affolement, plus que dans la douleur, mais quand je vis à la place de ma maison un champ de terre nu, ce fut une vision irréelle. La disparition de « L'Ouragan » avait complètement modifié le paysage. Je regardai autour de moi pour vérifier que je ne m'étais pas trompée de lieu. J'essayai d'imaginer la maison mais j'en fus incapable. J'en avais perdu le souvenir.

« Je rentrai chez moi sans mémoire, mais avec le poids des images oubliées.

« Je compris ce qu'était la douleur de l'amputation. On a perdu un bras ou une jambe mais ce membre fantôme on le sent. Je n'ai jamais ressenti de souffrance comparable à celle-ci. Peut-être mon antipathie pour le passé prenait-elle là une forme extrême comme pour me donner une leçon.

« L'amnésie, heureusement, fut provisoire.

Elle se tut. Elle avait décrit la perte de sa maison et son témoignage aurait pu s'arrêter là, mais je savais que la vraie histoire, celle de la fracture qui, disait-elle, avait séparé sa vie en deux, commençait.

Sans doute hésitait-elle à me raconter quelles découvertes elle avait faites sur elle-même et les autres, à me faire partager les interrogations qui furent les siennes, à me décrire comment on passe d'une étape à l'autre, d'une souffrance à l'autre, pour finir par émerger de tout ce fatras de contradictions, de doutes et de douleurs et trouver une issue vers la clarté, vers une nouvelle cohérence.

Elle sortit de la pièce et revint avec deux tasses de café.

— Je ne peux vous raconter en détail ce parcours souvent ennuyeux, toujours douloureux, qui m'a menée à être ce que je suis aujourd'hui, mais je vais vous en dire l'essentiel.

« Chacun a dans sa vie un être indispensable, plus indispensable que les autres. Pour moi, c'était et c'est toujours Célia. Elle avait commencé à travailler à « L'Ouragan » quand la famille s'y était installée. Elle s'était mariée, avait eu des enfants mais n'avait jamais cessé de venir m'aider. Elle m'était plus proche que quiconque, et je lui ai souvent demandé son avis car Célia est née sage. Elle dit que fille de marin et maintenant femme de marin elle y est bien obligée.

« Moi aussi j'étais femme de marin, mais hélas cet état ne m'avait pas donné la sérénité. Quand mon mari avait la responsabilité d'un bâtiment de guerre et partait pour des missions dont je ne savais rien sinon qu'elles étaient dangereuses, c'est Célia qui me tranquillisait. Elle me disait :

« — Regardez la mer, c'est ce qu'il voit, lui, cela vous donnera le calme.

« Célia remarqua immédiatement mon amnésie et, même lorsque j'eus retrouvé la mémoire, elle s'employa jour après jour à me parler de la vie à « L'Ouragan ». Je lui dis que je ne voulais pas entendre le rappel de ces années, mais Célia, psychanalyste improvisée, parla, interrogea, me contraignit à lui répondre.

« J'avais toujours eu un mauvais rapport avec le passé. Dès qu'un événement ne concernait plus le présent, je l'éliminais précipitamment de ma mémoire comme s'il allait devenir un danger pour moi. Il se trouve que c'est cette amnésie éphémère qui, en m'obligeant à me préoccuper du passé, enclencha le travail du deuil.

« Pendant des mois nous avons remonté le temps, et pour moi ce fut comme escalader une montagne escarpée dont je ne voyais pas la cime.

« De plus, la nuit, j'escaladais un autre versant de la montagne dans des rêves dont, pour la première fois de ma vie, je me souvenais. Mon passé s'y déguisait sous forme de représentations absurdes. J'avais l'impression de feuilleter un livre d'histoires baroques sans rapport les unes avec les autres sur le thème : la vie de famille.

« Dépouillée des contraintes du présent, sans occupations — la maison que j'habitais n'était pas la mienne, les meubles n'étaient pas les miens —, j'étais séparée de tout ce qui avait été ma vie. Dans cette situation d'attente, cette sorte de no man's land dans le cours de mon existence, je ne parvenais plus à imaginer un avenir, une continuité dans ma vie.

« Ce fut la pire période. Le deuil que je fis de « L'Ouragan » me contraignit à un bilan détaillé et sans pitié de ce que j'avais vécu dans cette maison. Les souvenirs encourageaient les souvenirs et des pans entiers de ma vie que j'avais intégralement perdus réapparaissaient et soulevaient — comme je l'avais craint — des regrets, des remords ou des nostalgies. Cette résurgence indésirable du passé me révéla des aspects qui m'étonnèrent.

« Je découvris que des comportements que j'avais eus avec mes parents, mes enfants, certains de mes proches n'avaient pas été aussi justes et pertinents que je l'avais cru sur le moment.

« Je compris pourquoi mes filles m'avaient fait vendre « L'Ouragan » avec tant de précipitation. Bien que gagnant bien leur vie, leurs maris et elles se sentaient dans l'insécurité comme beaucoup de jeunes gens à notre époque, et posséder une maison leur paraissait une urgence. Elles en parlaient comme d'une solution à tous leurs problèmes.

« Cette sombre période eut des conséquences profondes et durables et, d'abord, la libération d'un passé qui m'avait toujours pesé. Cela ne signifiait plus son refus mais sa lucide reconnaissance. En lui faisant place, en l'acceptant enfin pour ce qu'il avait été, en l'intériorisant, et non en le laissant — comme avant — à la porte de ma mémoire, j'avais fait en sorte qu'il ne me tracassât plus de son pesant silence.

« Désormais, ce passé perçu clairement comme passé et accepté comme tel, donc nettement distingué du présent et de l'avenir, mettait fin à une confusion que j'avais toujours entretenue.

« Aujourd'hui je sais exactement où j'en suis de ma vie, j'en délimite nettement les étapes et je vis beaucoup mieux le présent puisque je n'ai plus le remords d'un passé refusé.

« Je vis aussi beaucoup mieux l'idée de l'avenir car, le passé étant « nettoyé », je n'ai pu échapper à une méditation sur la mort.

« Ma propre mort ne m'apparaît plus à un horizon lointain et mouvant qui s'éloigne à mesure que j'avance vers lui. Elle est une frontière immobile, et la conscience de cette limite, de ce temps circonscrit — quelle qu'en soit la durée — me donne le désir de le remplir le mieux possible. Cela apporte de la fermeté à ma vie, un intérêt plus grand, une densité qu'elle n'avait pas avant.

J'étais émue par ces paroles que j'entendais pour la seconde fois.

Avec les mêmes mots, *Dan* m'avait dit qu'il avait retrouvé « l'urgence de vivre » lorsqu'il avait pris conscience, lui aussi, que son temps de vie était délimité et qu'il avait décidé de se concentrer sur ce temps, de le remplir non pas de ses doutes mais d'actes qu'il considérait comme essentiels.

J'osai poser la question :

— Si c'était à refaire ?

— De la nostalgie et quelque rancune pour deux années de grande souffrance me feraient vous répondre que rester paisiblement dans ma vieille maison, profiter l'hiver des boiseries éclairées par le feu de bois en entendant l'océan hurler et jouir l'été de la grande terrasse sur la baie… mais ce n'est pas la vérité.

« Qu'ai-je fait de cette rupture ?

« J'ai accompli la transition vers la vieillesse à laquelle personne ne peut échapper à moins de mourir prématurément, et par la force des choses je l'ai faite relativement jeune.

« Le deuil de ma maison, que de toute façon j'aurais dû quitter le moment venu pour un lieu plus adapté au grand âge, en fut le point central. J'ai le sentiment gratifiant d'une tâche bien faite. Tout est en ordre, dans ma tête et dans ma vie.

« J'ai renoncé à des illusions dont je n'étais pas parvenue à me débarrasser et j'ai exorcisé des peurs dont je n'avais pas, non plus, réussi à me débarrasser. Ces peurs, je le sais bien, se seraient aggravées avec l'affaiblissement et la fragilité du grand âge.

« La dépossession de « L'Ouragan » a entraîné d'autres dépossessions moins matérielles. Je me suis libérée de dépendances affectives qui n'étaient pas bénéfiques.

« Ces pertes, ces renoncements, ces deuils m'ont donné l'aptitude à faire face à la réalité et je peux répondre à la question à laquelle, avant cette fracture, il me semblait difficile de répondre : qu'ai-je fait de ma vie et de celles de mes proches ?

« La perte inattendue et violente de ma maison aurait pu me mener au désespoir, à la dépression, à la maladie. J'ai eu de la chance, les renoncements nécessaires que j'ai accomplis non sans mal, j'en récolte les gains.

« Peut-être vais-je vous étonner mais j'ai devant moi, quelle qu'en soit la durée, un temps de liberté. Je ne croyais pas qu'on puisse accéder à un tel sentiment de liberté.

« Cela signifie ne plus être dans la confusion du temps : ni regret du passé, ni peur de l'avenir qui se mêlent pour encombrer le présent de tant d'angoisses.

« De la même façon, mes rapports avec autrui se sont éclaircis. Là non plus il n'y a désormais aucune confusion. Je ne me dévalorise pas, je ne m'idéalise pas et, comme la vie est un jeu de miroirs, j'attire ceux à qui je peux offrir une relation juste et ils me le rendent bien.

« Je ne me fais aucune illusion sur la vieillesse, ce naufrage selon certains ou comme l'écrit Simone de Beauvoir : « La pire des mésaventures, la parodie de la vie. »

« Nous verrons bien. Mais je ne me sens pas vieille, pas encore dans cette vieillesse-là, et j'ai acquis ce qui est utile à un vieillissement non sans charme : le calme intérieur.

« Une rupture s'étale dans le temps. J'espère que les ondes de choc de celle que j'ai vécue vont m'accompagner longtemps encore pour briser, si nécessaire, les nouvelles dépendances auxquelles la vieillesse aspire parfois pour calmer son désarroi.

Quatrième partie

LA RUPTURE POUR VIVRE

CHAPITRE VIII

À quoi sert la rupture ?

Reconnaître l'utilité de la rupture ne signifie nullement la conseiller — la vie s'en charge — ni la célébrer, mais en éclairer les aspects bénéfiques.

On envisage généralement la rupture dans la seule perspective du malheur, et il est difficile d'accepter l'idée qu'elle puisse être à la fois douloureuse et fructueuse.

Pourtant, ceux qui nous ont apporté leurs témoignages s'accordent sur un point : en dépit des souffrances et des deuils, des doutes et des découragements, la rupture qu'ils ont accomplie fut pour eux force de renouvellement, parfois de créativité. Ils confirment qu'elle fut un fait majeur dans leur vie et qu'elle leur a permis d'avoir accès à des libertés qu'ils avaient craintes jusque-là.

Il est un moment dans une existence où certaines difficultés ne peuvent se résoudre dans le calme et la pondération, mais nécessitent d'avoir recours à de grands moyens, des décisions extrêmes comme la rupture.

Il faut être convaincu qu'on ne rompt pas par hasard, qu'on ne rompt pas si quelque chose d'essentiel en soi n'est pas en jeu : l'autonomie, l'équilibre, et que les vraies ruptures sont des événements trop rares, trop cruels et trop importants pour ne pas tenter d'en faire bon usage.

À quoi sert la rupture ?

Avant tout, à faire cesser un assujettissement à quelqu'un ou à quelque chose, à un homme ou à une femme, à une situation. Mais la rupture a d'autres mérites, elle oblige à des remises en question et ouvre des perspectives non encore explorées quant à la manière de mener sa vie :

— elle contraint à régler le rapport avec le passé pour libérer le présent ;

— elle permet de faire l'expérience rare de la révolte si utile à l'accomplissement d'une rupture quand il s'agit de conquérir sa liberté ;

— elle nous incite à nous renouveler, à trouver d'autres solutions à notre vie.

En outre, on ne rompt pas sans acquérir une meilleure connaissance de soi, de nouveaux réflexes et de nouvelles exigences qui seront utiles tout au long de notre existence, la première de ces exigences étant le refus de certaines dépendances.

Le rapport au passé

Le secret de ceux qui ont réussi une rupture est qu'ils ne sont pas allés au secours de leur passé mais à la conquête de leur avenir.

Puisque rompre c'est quitter ce qui a existé, le rapport au passé est au cœur de toute rupture. Cela est si vrai qu'au premier instant s'impose, dans la démesure que provoque le choc d'une rupture annoncée, un sentiment d'anéantissement de ce qui fut que certains ont décrit comme étant proche de la sensation physique de vertige.

Cette sensation ne dure pas car elle ne pourrait être supportée longtemps, elle prend d'autres formes, celle d'un manque, moins menaçant physiquement mais tout aussi douloureux. Cet anéantissement de ce qui fut, certains le nomment abandon, d'autres trahison, mais il provoque le même effroi : l'écroulement des valeurs auxquelles on s'arc-boutait pour supporter la vie (celles qui nous rassuraient) ou l'aimer (celles qui nous gratifiaient).

La défaillance d'un être ou d'un objet, sa privation soudaine, nous fait en un instant cristalliser sur lui — comme un enfant s'accroche à sa mère — tout ce qui était fiable, solide dans notre vie, et nous fait croire qu'il en était le seul fondement et que sa perte est irréparable.

Égarement, désorganisation, désarticulation, aucun mot n'est trop fort pour qualifier le passé qui se dérobe. Les points d'ancrage, les repères ont — croit-on — disparu. Il y a menace de se perdre.

Mais, au même moment, en dépit de la conviction que la situation est sans espoir, au fond de soi-même quelque chose nous avertit que rien n'est définitif.

Gianni m'a confié : « Au pire moment de ma détresse, j'ai su que je m'en tirerais. »

Et la jeune femme du *Silence* : « Alors que je m'évanouissais presque de souffrance, je savais que cette rupture était nécessaire, qu'il fallait tenir bon, que ce n'était pas fini, qu'un jour… »

Signes fragiles, troublants dans leur précarité, indices que quelque chose réagit. Quel est cet espoir, malgré tout ?

Un fort instinct de vie, le goût de la lutte…, les forces de santé physique et mentale s'unissent pour nous donner les moyens de nous adapter. Un nouvel équilibre est déjà en élaboration. Une dynamique secrète entre en action.

Une rupture est une crise, et une crise est un processus actif. Ce qui s'est désorganisé va se réorganiser, différemment sans doute, pour répondre aux nouvelles circonstances de ce que sera la vie après la rupture.

Il est cependant un danger : que l'angoisse bloque trop longtemps ces réactions de vie, même éphémères, en une immobilité dans la souffrance ; que le poids du passé fige le présent.

C'est pourquoi, qu'on soit celui qui a rompu ou celui qui est « rompu », l'une des premières nécessités pour accomplir une rupture efficace est de retrouver, si on le peut, les événements qui, dans le lointain de notre histoire, sont à la racine de la rupture.

Force est de faire un examen de ce passé, de le considérer sans égards, de trier ce qu'on veut en garder dans sa mémoire et dans sa vie, de savoir ce à quoi on veut renoncer, afin de lui donner sa juste place et tracer ainsi une frontière entre ce qui fut et ce qui est.

Il faut prendre garde. Il s'agit bien d'intérioriser le passé et non de le renier. Abjurer le passé ne peut qu'alourdir le présent d'un refus, d'un silence, et cette attitude ne peut en aucun cas mener à une rupture réussie.

Dan ne serait jamais parvenu à une aussi efficace rupture s'il n'avait pas enfin établi un rapport clair et responsable avec son passé.

S'il n'avait pas compris et jugé la place qu'avait eue son métier, les rapports avec son père, avec sa femme, ceux qu'il avait entretenus avec la société, s'il n'avait pas identifié ses erreurs et leurs causes, s'il n'avait pas décidé quels comportements néfastes il ne devait pas reproduire, quelles expériences il devait méditer non pour en faire des nostalgies mais des armes pour se battre.

Cette réflexion sur le passé a une conséquence majeure qui est l'un des bienfaits d'une rupture réussie : **faire cesser la confusion entre le passé et le présent**.

Bien sûr, nous sommes faits de nos actes passés, mais il n'est pas nécessaire de les laisser importuner le présent.

Quand le passé n'empiétera plus sur le présent en l'encombrant de ses souvenirs, de ses rêves inassouvis, de ses remords, alors la rupture s'accomplira, car on ne rompt vraiment que lorsqu'on est parvenu à distinguer le présent du passé, lorsque la frontière entre eux est parfaitement nette.

Une attitude exemplaire, à cet égard, est celle de la femme de « *La maison* » qui, en remontant obstinément son passé, en acceptant de se souvenir de faits qu'elle avait toujours repoussés et en les mettant à leur juste place, s'en libéra et put ainsi donner une autre direction à sa vie.

C'est un exercice périlleux parce que des forces contradictoires sont en jeu : d'une part mettre fin à une situation — de gré ou de force, qu'on soit celui qui rompt ou l'autre — et en même temps avoir le désir ou la nécessité d'en garder certains éléments, car on ne rompt jamais avec une seule personne mais avec tout un environnement d'êtres, de situations, d'objets.

Pourquoi a-t-on tant de mal à conjurer le passé ? D'abord parce que la douleur de la rupture nous donne envie de nous réfugier dans la continuité de notre vie, de nous y lover et non d'affronter de nouvelles contraintes auxquelles nous n'avons pas encore l'énergie de nous adapter.

Régler ses comptes avec le passé, c'est régler ses comptes avec ce que nous avons été et, inévitablement, avec ce que nous sommes aujourd'hui.

Cela nécessite une distance avec soi-même, une agilité psychique peu compatible avec la rigidité de la souffrance.

Nous savons qu'il va falloir changer de tempo, de rythme de vie, alors que notre corps et notre psychisme luttent avec force pour que nous demeurions encore un peu dans le cocon de nos habitudes et sous la protection d'un certain malheur.

Les natures rebelles brisent mieux que les autres ces résistances, avant tout parce que ces êtres ont une très forte exigence de liberté et qu'ils ne la confondent pas avec d'autres exigences, fussent-elles dictées par eux-mêmes, parce qu'ils ont l'habitude des aléas de la révolte et de ses inconforts.

Ils ont peu d'aptitude à s'enfermer dans le champ clos des regrets, des repentirs ou des nostalgies, et même si, comme chacun, ils doivent accomplir un deuil, ils en font un temps de reconquête d'eux-mêmes.

Rupture et révolte

« Notre destin veut que, si nous n'avons jamais saisi la chance de nous révolter, nous vivions dans l'absurdité de ne jamais posséder un moi qui nous appartienne[1]. »

La rupture est l'une de ces chances. Elle permet l'accomplissement d'une révolte.

Nous l'avons vu, la notion de rupture est singulière en cela qu'elle est une tension entre deux objets, tension si forte que le lien qui les unit se rompt. Quand la révolte couve en nous depuis longtemps, elle devient un facteur efficace pour porter la tension à son comble. Elle est, à cet égard, un ressort de la rupture, elle lui apporte l'énergie nécessaire pour aboutir.

Rompre, c'est résister, et cette résistance s'élabore longuement. Elle a besoin de temps. Il ne faut pas confondre les séparations éphémères avec une vraie rupture. Lorsqu'on rompt avec un homme ou une femme parce que la relation n'est plus supportable, on rompt aussi avec des oppressions lointaines qui sont les ferments de la rupture.

1. Arno Gruen, *La Trahison du moi*, Robert Laffont, 1991.

Enfants, notre vitalité, nos élans d'indépendance, nos tentatives de rébellion furent calmés ou fermement réprimés par nos parents et nous avons fini par identifier liberté à désobéissance. Des avatars de la vie comme une rupture font découvrir que notre désir de liberté fut si constamment refoulé qu'il a fini par provoquer la peur, la culpabilité.

Adultes, en prenant comme référence l'approbation d'autrui — l'adaptation à des règles sociales nous y oblige souvent —, nous en arrivons à confondre nos propre désirs avec ceux des autres, à accepter la substitution d'une volonté étrangère à notre propre volonté, et à perdre la capacité de fonctionner de manière vraiment autonome.

L'un des ennemis de la rupture est en effet le nécessaire pouvoir d'adaptation aux contraintes de la société, de la famille, du couple, aux « significations dominantes ».

Il arrive qu'on s'y laisse enfermer et qu'on n'envisage plus sa liberté sans peur. Dans les cas extrêmes, lorsqu'on s'est identifié au pouvoir qui nous opprime, seule la rupture, la brutale rupture permet d'échapper à cet enfermement.

Je connais l'un de ces cas extrêmes.

Une femme qui, après des décennies de mariage avec un homme dont l'autoritarisme s'amplifiait en vieillissant et dont elle avait supporté la tyrannie sans broncher, s'est enfuie la veille de la retraite de son mari, aidée par ses enfants et ses amis. Un jour, un sentiment de révolte l'a saisie, une colère profonde, immense, inébranlable, à la hauteur de vingt-cinq années de frustrations, cette sorte de révolte qui « libère des flots qui, de stagnants, deviennent furieux[1] ».

Sa libération ne pouvait pas passer par un dialogue, le recours à la raison, son pouvoir de conviction. Il était

1. Albert Camus, *op. cit.* p. 120.

trop tard, les rapports de dépendance étaient ancrés depuis trop longtemps et figés à jamais, les résistances de son mari trop anciennes et trop fortes.

Cette tyrannie, elle l'avait supportée grâce à l'idée masochiste qu'elle avait du couple : l'asservissement comme prix de l'amour.

Elle vivait dans une toute petite ville de province, dans un milieu très conventionnel, dépendante économiquement. Pour s'en échapper — avec ses enfants —, il eût fallu une exceptionnelle force de caractère, la bourrasque d'une révolte, une longue et minuteuse préparation, mais l'insoumission n'était pas dans sa nature.

Seule une fracture avec sa vie passée a pu la délivrer (ce qui n'est pas la meilleure façon de rompre car la rupture doit être dite), et elle découvre avec bonheur et déchirement ce que peut signifier l'autonomie.

Albert Camus insiste sur le fait que la rupture est profondément positive, car elle révèle ce qui en l'homme est toujours à défendre, ce qu'il y a de permanent en soi à préserver.

Pour l'homme dont je vais parler, il y avait sans doute depuis l'enfance quelque chose à préserver, à défendre, à réaliser.

Il a « abandonné » son fils de vingt-cinq ans et sa femme, son métier, ses biens. Avec l'argent de sa retraite anticipée, il s'est installé dans un pays limitrophe de la France et a réalisé son rêve : fabriquer des violons. Il travaille sans salaire chez un luthier, il fait son apprentissage.

C'est une histoire récente et peut-être les relations avec les siens s'amélioreront-elles, mais pour l'instant il est l'objet de leur rancune. Pourtant il avait tenté de convaincre son épouse d'opérer avec lui cette mutation, de l'accompagner, mais c'était trop demander.

Une insurrection secrète en lui un jour a commencé.

Elle a mûri pendant des années, s'est fortifiée et est devenue révolte, lui faisant apparaître l'ampleur de ses insatisfactions et la légitimité de certaines de ses aspirations.

À quoi sert la révolte ? Précisément à prendre conscience de ses droits et à les faire respecter.

Ses frustrations professionnelles d'année en année s'aggravaient en même temps que les dépendances auxquelles il se soumettait. Alors il s'interrogea sur la légitimité d'autrui à lui dicter sa conduite et décida que lui seul avait cette légitimité. Il comprit que, à ne pas vouloir « trahir » ce que les autres attendent de nous, on se trahit soi-même, on devient son propre ennemi.

La mort de deux de ses amis en quelques mois le convainquit qu'il n'y avait plus d'années, plus de mois, plus de semaines et plus de jours à perdre, qu'il était grand temps de réussir sa vie. Cet étrange désir de fabriquer des violons ne lui était pas venu par hasard. Très jeune, il avait montré du goût pour le travail du bois et avait souhaité entrer à l'école Boulle. Mais, à cette époque, le travail dit manuel n'avait pas bonne presse dans son milieu et ses parents le convainquirent de s'inscrire plutôt dans une faculté de gestion.

Nous savons bien qu'avec de la chance et de l'obstination on devient ce qu'on est. Son goût pour le bois et sa passion pour la musique, le rejet de la vie qu'il menait et le choc de la mort de ses amis se conjuguèrent pour le mener à la rébellion et faire de lui à cinquante-six ans un apprenti luthier et un homme heureux.

« Le bonheur n'existe qu'au prix d'une révolte. Aucun de nous ne jouit sans affronter un obstacle, un interdit, une autorité, une loi qui nous permette de nous mesurer, autonome et libre[1]. C'est ainsi que s'exprime Julia

1. Julia Kristeva : *Sens et non sens de la révolte*, Fayard, 1996.

Kristeva qui note que nous avons tendance à nous cantonner dans la passivité et la plainte.

Il est vrai que l'esprit de révolte ne règne pas dans notre société, et J. Kristeva s'interroge sur la nécessité d'une culture révolte dans une société qui se veut vivante, en développement et non stagnante.

Elle rappelle que les grands moments de l'art et de la culture au XXe siècle sont des moments de révolte : le « J'accuse » de Zola, le Bauhaus et le Surréalisme, Artaud, Picasso, Pollock, Francis Bacon, alors qu'aujourd'hui nous sommes submergé par la « culture divertissement », la « culture show », la « culture performance ». Divertissement, goût de la performance..., nous sommes évidemment dépendant des normes et des modes de la société. Nous nous ajustons, peu ou prou, à des modèles extérieurs qui souvent prennent le pas sur nos valeurs personnelles pourtant indispensables pour préserver notre identité, notre autonomie.

C'est là que notre possibilité de révolte et de rupture prend toute son importance. Elle nous offre la liberté de résister avec succès aux modèles qui nous font douter de nos émotions, de nos désirs, de nos convictions et, comme l'homme qui fabriquait des violons, de retrouver notre propre moi.

Il importe cependant de ne pas dissimuler les incompréhensions que fait naître cette résistance.

Quiconque a vraiment rompu, en adoptant d'autres styles de vie, d'autres modes de relation, parfois d'autres lieux, transgresse des valeurs sociales, culturelles, familiales, remet en question des règles d'appartenance à son groupe d'origine et devient un étranger pour ce groupe.

Il arrive aussi — et c'est une grande chance — que cette part d'inconnu soit acceptée par autrui. Elle ouvre alors le champ de la relation qui devient plus vaste, plus complexe, plus créative.

La capacité de renouvellement

Mais la révolte et la rupture ne sont pas des fins en soi. L'un de ceux qui ont bien voulu témoigner d'une très profonde rupture m'a dit qu'il la considérait, *a posteriori*, comme une halte qui lui fut nécessaire pour se découvrir un autre destin.

Une rupture est le signe avant-coureur d'une mutation, et comme l'écrivait George Bernard Shaw en connaissance de cause : « Si vous abandonnez quelque chose, c'est que vous êtes sur le point de trouver autre chose. »

Pourquoi les ruptures peuvent-elles être force de renouvellement, possibilité de tout recommencer quand on a tout perdu ?

Pour, au moins, deux raisons :

Une vraie rupture est une crise grave — on ne rompt pas avec autrui et une partie de soi-même sans danger pour sa propre cohérence, son équilibre — et, comme dans toute crise grave, des forces se mobilisent pour mettre en place de nouveaux équilibres et donnent lieu à des évolutions dont on peut espérer qu'elles seront sources de progrès.

Lorsqu'on accomplit une rupture, on se sépare de ce qui nous aliénait, on retrouve son propre moi, et il n'est pas rare qu'on y découvre des possibilités qui avaient été réduites par les rapports de dépendance.

Il y a alors désir et nécessité de faire des choix qui, s'ils sont judicieux, seront une occasion de renouvellement de nos valeurs et de nos comportements et permettront de trouver d'autres solutions à notre vie.

Conduire une rupture jusqu'à son terme nécessite l'accomplissement d'un travail de deuil, processus d'adaptation aux nouvelles circonstances de l'existence.

Pour réussir au mieux cette adaptation, des ressources mentales et spirituelles sont requises qui permettent des transformations créatrices. Ce que Fitzgerald appelle une « vraie » rupture fait franchir un seuil supérieur d'exigence et mène à des quêtes ambitieuses.

Cela est particulièrement vrai pour les artistes.

Un peintre, dont la vie mouvementée, la notoriété et l'âge garantissent l'authenticité du témoignage, nous a souvent parlé de la relation entre rupture et peinture :

— Il ne suffit pas d'accomplir une rupture pour avoir du talent et créer une œuvre, mais si rupture il y a, autant en faire bon usage.

« Après une rupture — et ses conséquences — la créativité est en quelque sorte éveillée, on la met au service d'une « réparation » de ce qui a été endommagé dans notre sensibilité. C'est, en tout cas, ainsi que je fonctionne.

« Aucun chagrin n'est perdu pour moi. Les expériences de la vie et celles de l'art sont étroitement mêlées, et les souffrances que j'ai subies — et que souvent je me suis concoctées comme à plaisir —, au lieu de les disperser à tous vents, de les perdre en quelque sorte, je « me » les garde, je les intériorise, je les métabolise et je les transforme en créations. La peinture me tient lieu de thérapie.

« L'un des plus beaux exemples de rupture comme puissance de renouvellement fut le surréalisme.

« Il ne peut être enfermé dans des formules, car ce fut un mouvement en perpétuel dépassement évoluant au gré de ceux qui l'enrichissaient de leurs œuvres. Cependant, j'aime beaucoup cette appréciation de

Marcel Raymond[1], critique extérieur au groupe, qui fut acceptée et utilisée dans une notice par les surréalistes eux-mêmes : « *Une tentative pour rompre avec les choses qui sont et pour leur en substituer d'autres en pleine activité, en pleine genèse…* »

Le pianiste de Sienne ne nous a rien dit d'autre lorsqu'il nous a parlé avec force et passion de son admiration pour les grands peintres « qui ont montré sur leurs toiles ce qu'il y a de plus douloureux et de plus noble pour un artiste : **détruire les solutions trouvées pour en découvrir d'autres plus exigeantes** ».

Peut-être est-ce une bonne définition de la rupture.

1. *Le Surréalisme*, Henri Bébar et Michel Carasson, Librairie générale française, 1992.

Remerciements

Ma gratitude à Renaud qui, avec constance et rigueur, m'a accompagnée tout au long de l'écriture de ce livre.

Ma reconnaissance à tous ceux qui ont bien voulu me confier leurs ruptures.

Une reconnaissance particulière à Joëlle pour la force de son témoignage.

Merci à toi Nathalie, à toi Gianni, à vous Dan pour votre générosité.

Mes remerciements à Inès — peintre — pour une conversation singulière sur rupture et peinture qui a éclairé mon travail.

Où qu'il soit, mes pensées pour R. G.

[illegible]

[illegible]

[illegible]

[illegible]

[illegible]

[illegible]

[illegible]

BIBLIOGRAPHIE

Francis Scott Fitzgerald, *La Fêlure,* Gallimard, 1981.

Edgard Morin, *Sociologie*, éd. Fayard, 1994.

André Malraux, *La Tête d'obsidienne,* Gallimard, 1974.

Gilles Deleuze et Claire Parnet, *Dialogues,* Flammarion, 1996.

Henri Laborit, *Éloge de la fuite,* Robert Laffont, 1976.

Serge Leclaire, *Démasquer le réel,* Seuil, 1983.

Albert Camus, *L'Homme révolté,* Gallimard, 1985.

Collectif, *Crise, rupture et dépassement,* Dunod.

Béatrice Majnoni d'Intignano, *Femmes, si vous saviez…,* De Fallois, 1996.

Judith Viorst, *Les Renoncements nécessaires,* Robert Laffont, 1988.

Antonio Damasio, *L'Erreur de Descartes,* Odile Jacob, 1995.

Arno Gruen, *La Trahison du moi,* Robert Laffont, 1991.

Julia Kristeva, *Sens et non-sens de la révolte,* Fayard, 1996.

Henri Béhar et Michel Carasson, *Le Surréalisme*, Librairie générale française, 1992.

TABLE

Photocomposition : Nord Compo
59650 Villeneuve-d'Ascq

Cet ouvrage a été reproduit
et achevé d'imprimer sur Roto-Page
par l'Imprimerie Floch à Mayenne
en juillet 1998

Imprimé en France
Dépôt légal : octobre 1997.
N° d'édition : 39302/06 — N° d'impression : 44066.